MARKETING
TRENCH
WARFARE

最强大、最易学的**营销精英修炼术**
从营销菜鸟到骨灰级精英的**必备宝典**

布 衣◎编著

营销阵地战

中国言实出版社

图书在版编目(CIP)数据

营销阵地战 / 布衣编著.

—北京:中国言实出版社, 2012.6

ISBN 978-7-80250-910-8

Ⅰ. ①营…

Ⅱ. ①布…

Ⅲ. ①市场营销学

Ⅳ. ①F713.50

中国版本图书馆CIP数据核字(2011)第079080号

出版发行 中国言实出版社

地　址:北京市朝阳区北苑路180号加利大厦5号楼105室

邮　编:100101

电　话:64924716(发行部)　64924735(邮　购)

64924880(总编室)　64963106(五编部)

网　址:www.zgyscbs.csn

E-mail:zgyscbs@263.net

经　销 新华书店

印　刷 北京凯达印务有限公司

版　次 2012年7月第1版　2012年7月第1次印刷

规　格 710毫米×1000毫米　1/16　18.5印张

字　数 320千字

定　价 36.80元　　ISBN 978-7-80250-910-8/F·412

目　录

第一章

阵地战：营销战略的必然手段

一、阵地战的内涵并不简单

阵地战原指军队在相对固定的战线上，进行阵地攻防的一种作战形式，包括坚固阵地攻防作战，野战阵地攻防作战，城市和海岸、海岛的攻防作战等。依据攻防不同，可分为进攻阵地战和防御阵地战。

战场上最刺激、最壮烈的场面就是在阵地战当中双方刺刀见红的对攻过程。同样，在现代企业的竞争中，能够最直接地分出输赢的打拼就是企业之间面对面的营销阵地战。将古往今来的战争理论运用到现代企业竞争当中已经成为一种趋势，而企业的“前线”——营销，更是需要科学的战略战术，才能击溃对手，使自己赢得更大的市场份额。

当然，军事上的阵地战和营销阵地战还是有区别的，战争是为了打败乃至消灭敌人，夺取、占领敌方的阵地，而营销战则是为了扩大产品在市场中的份额，提升企业的知名度和美誉度，获得消费者的认可。

营销就是企业如何发现、创造和交付价值与服务以满足一定目标市场的需求，同时又能获取利润的一门学问。

真正意义上的营销，即市场营销。从公司角度讲，市场营销的目的就是保证客户和消费者成为企业的中心环节，从而保证企业的产品和服务既能销售出去，又能深得消费者的喜爱，这个中心也能帮助指导企业的决策。

那么在现代企业的竞争中，能够最直接地分出输赢的打拼就是企业之间面对面的营销阵地战，在产品和服务相当的情况下，企业要取得可观的市场份额靠的就是面对面的营销阵地战。

营销，说得通俗些就是企业根据市场需要组织生产产品及服务，并销售给顾客的过程。

通常一个企业的营销都由企业组织中的一个部门专门负责，这样做其实有利有弊。利在便于集中受过营销训练的群体专门从事营销工作；弊在营销不应该仅限于企业的一个部门来进行，而应该在企业所有活动中体现出来。

真正意义上的营销应该被视作一个公司的整体实践和哲学。

多年前，惠普的创始人之一大卫·派卡德说过："营销的重要性远不止于仅仅将其单独留给营销部门去做。"有着世界上最好的营销部门的公司一样可能出现营销失败。原因就在于，生产部门可能会提供次品，送货部门可能会送货晚点，会计部门可能会开出数额不准的发票，这些都会导致丧失客户，从而营销失败。只有全体员工都致力于为客户提供承诺的价值与服务，满足和取悦于客户，营销才会是有效的、成功的。

营销是不是像分析几何学一样，有着一成不变的道理和方法论呢？答案是否定的，就像中国有古话“橘生淮南则为橘，生于淮北则为枳”的道理一样，没有一成不变的事物，最重要的是学得精华，最终灵活变通的应用。

即使在同一个国家，消费品行业、B2B行业和服务业，营销方式也不同。那么在同样的行业里，不同的企业也有着各自不同的营销方式。

营销的主要过程可以分为：

1. 机会的辨识：包括市场调查、市场分析、生产决策、市场定位等方面；

2. 新产品开发：包括新产品的研发、新产品的生产等；

3. 对客户的吸引：包括营销策划、品牌推广、市场宣传、产品展示、洽谈签约等；

4. 订单执行：包括产品供应、发货运输、货款结算等；

5. 保留客户，培养忠诚：包括售后服务、定期回访等。

如果这些流程都能处理得好的话，营销通常都会是成功的。如果哪个环节出了问题的话，企业就会面临生存危机。

那么影响营销的环境又有哪些呢？

1. 宏观环境

宏观环境指的是大的社会环境，主要包括：经济环境、人口环境、社会文化环境、政治法律环境、自然环境、科技环境、气味环境（通过人的嗅觉达到植入品牌记忆的气味营销环境）。

2．微观环境

微观环境指的是市场环境，主要包括：公司情况、竞争情况、消费习惯、行业环境。

从营销的因素里又可分为两大营销策略，宏观市场营销和微观市场营销。

宏观营销，以整个社会经济系统为出发点和基础来研究市场营销。重点在于产品和服务如何能最为经济地从生产领域进入消费领域，并使社会的供应和需求达到有效平衡，它涉及到如何建立一种使资源和产品在社会组织和个人中得以合理分配的经济体系。宏观市场营销要求通过买卖功能、储运功能、规范功能、金融功能、风险承担功能以及市场信息功能的发挥，创造出产品的形态效用（服务效用）、时间效用、空间效用和持有效用，以满足社会和个人在各种时间和地点所产生的各种需要，并促使整个社会经济系统得以正常运行。

微观市场营销，以个别企业为出发点和基础，重点是企业如何利用其有限的资源创造出能满足消费者需要的产品和服务，并通过有效的市场活动（分销和促销），实现同消费者的交换，及企业的经济利益等一系列问题。一些营销学者将其归纳为如何在适当的时间，适当的地点，以适当的价格和适当的方式，将适当的产品销售给适当的顾客的“六R模式”。

在一般情况下，微观市场营销学是人们研究的重点，而宏观市场营销常常是作为微观营销的环境因素来加以研究的。

那么营销阵地战的原则又是什么呢？

1．在制定营销战略时对消费者、竞争者和分销商中心地位的尊重；

2．对每一个市场进行市场细分，根据自己公司的实力和目标选择前景最好的细分市场；

3．对于每一个目标市场选择市场细分，研究客户的需要、认知、偏好和购买过程；

4．通过认真定义、创造和交付更好的价值，在目标市场赢得优势。

接着我们通过中国白酒业的营销阵地战来阐述阵地战的内涵。

对于新世纪中国的白酒企业来说，不论大品牌小品牌、老品牌新品牌，也不论资源的多少基础的好坏；不论是采用概念炒作、事件公关或是广告轰炸，都必须以优质阵地为平台，成功的大旗才有飘扬的地方。市场信息和资本格局的频繁变化，要求白酒企业必须提高成功概率，也就是对目标区域市场，要做到精确有效地打击，从而使目标区域市场成为整个布局中重要的一枚棋子。没有精确的阵地战营销，一切所谓的产品推广、公关推广、人员推广、品牌推广、广告推广等都是无稽之谈。营销阵地战是中国所有白酒企业未来整合营销链中的核心和精髓。如何打好营销阵地战？四个字——稳、准、狠、快。又如何做到这四字方针呢？

1．精确调查

首先定性调查：就是对诸多可能进攻的目标市场进行战略可行性调查，分析竞争环境是否适合我方攻占，定性调查的结果共分三类：战略市场、品牌市场和游击市场。

其次定量调查：就是对已定性的目标市场进行更加细致的数字化调查，依据对市场的定性，决定具体怎样打。如将X市场定性为战略市场，具体怎样做才能使X市场达到战略市场的目的。方法如下：

（1）定位我品牌主导产品的产品界面；

（2）选择目标市场最畅销的前两名品牌，调查清楚它们导入的时间、年绩效、主要渠道的绩效分布比例、年投入方式及比率；

（3）弄清楚前两名品牌此时所处的生命周期，是成熟期还是衰退期；

（4）找出我方的优势、劣势和机会点，得出综合市场分析报告。

2．产品的精确布局

如果将目标市场定位为战略或品牌市场，本埠以外的市场，主导品牌不能选用到岸价以内的产品，但并不是说到岸价以内的产品不推广，而是要合理布局。

首先旗舰定位：旗舰就是主导品牌，是目标市场品牌形象的代言者。单位时间内只能选一个，要选用最能代表本品牌品味且在目标消费者中最能引导消费者接受的产品。如流行产品餐饮终端消费价为20元左右/瓶、50元左右/瓶、90元左右/瓶共三个价位界面，可依据城市的大小和消费档次来选择，如广州市就要选择90元左右，云南的文山壮族自治州就要选择50元左右的产品。

其次推广布局：导入期。旗舰和旗舰以上价位的产品不超过三个，最好两个，在旗舰的品牌形象已在目标消费者中基本定型的前提下，可以跟进旗舰以下价位的产品。用低档带动中高档是许多白酒企业阵地战终端营销失败的专业性误区。

其三推广时间：在竞争对手成熟中期导入，终端上紧紧跟进对手，但不要与对手打全面战，而是要打夹缝战，如只选餐饮。对手成熟后期，加强终端，促使对手在终端渠道上早日退出，其他渠道（商超与批零）先不要追击。

3．市场的精确布局

为了市场而市场很危险，为了板块布局而市场是一种连点成面的力量。

在选中的目标群中，选出一个领导型网点，导入期集中资源彻底占领此阵地，目的是形成亮点，成为目标范围的根据地，以便以点带面，形成边际效应。在掌握重点突破的前提下，要明辨边际效果的时机，及时地在全目标范围内布上尽量多的可行性机会点，从而形成全面覆盖。

4．客户的精确选择

如果选错了客户，无论多好的营销方案都不会获得成功，优秀的客户等于市场的一半，什么是优秀的客户？首先要弄清客户的种类：

首先品牌客户：品牌客户又分作专业品牌客户，半专业品牌客户，非专业品牌客户。专业品牌客户就是曾经或正在运作另外一个以上白酒品牌的客户；半专业品牌客户就是曾经或正在运作与白酒推广具有相同渠道的其他酒种品牌的客户；非专业品牌客户就是没有作过任何酒种的总代理，从其他行业跨入白酒行业第一次做市场，但能配合厂家按阵地战推广的精确方案承担自己应该承担的责任和义务。

举例：一个新产品攻打一个新市场成功率对比，专业品牌客户在50%左右、半专业品牌客户是70%、非专业品牌客户为60%。

令人惊奇的结果对比却得出更深层次的辩证法结论，专业品牌客户有了做其他白酒品牌成功的经验。此时的人性已发生了变异，将经验变成我方谈判的资本，对终端的危险细节了如指掌，胆怯和人性的狡猾反而制约了成功度，就如谈恋爱找一个非常有经验的情场高手作伴侣不一定是好事一样；半专业品牌客户之所以成功率较高，就是因为拥有渠道资源、相关经验和对白酒暂时因无经验反而具有的热情；而非专业品牌客户虽无经验，但有资金、热情。白酒阵地战就像打仗，应该新兵在前，老兵断后。

其次游击客户：只作流通，不作终端，什么流行就卖什么；当目标市场定性为品牌市场时，就必须找品牌客户，并从中选出优秀；当目标市场定性为游击市场时，就没必要选择总代理，可以设经销商，按照产品结构的情况灵活投放。

适合企业产品推广的、有基本运作金、态度正确、观念默契的客户就是精确营销阵地战所需的精确客户。

5．渠道的精确推广

渠道推广总策略：集中资源，阶段推广，碉堡战术，层层渗透。

第一渠道：餐饮店。到岸价以上的新产品上市，只有打开餐饮流行消费这第一门槛，其它渠道才会接受。一切白酒所指的终端消费，都是指的渠道终端——餐饮店的消费，唯有餐饮店，才是消费者当场购买并当场消费的集中渠道场所。因此，在新市场的导入期，要全力以赴只做餐饮，当餐饮店指定消费进入前三名时，方可跟进超市。

第二渠道：超市。超市是餐饮店的影子，是餐饮店购买的跟进者。超市的铺货不同于餐饮少而精，而是要多而全。

第三渠道：批零，即大流通。当餐饮和超市基本形成流行时，即可跟进批零环节，但要根据产品的不同价位界面有计划地推进批零环节。

总的来说，在餐饮没有进入指定消费前三名前，不必进入超市；在餐饮和超市没有形成流行时，千万不要进入批零。

6．精确的季节推广

旺季推广

春夏冬为旺季，每年秋季为淡季，这是因为中秋节和国庆节两个节日刚过，渠道及家庭仍有一定的产品存留而造成的流通回款额偏低，故为淡季。

月份精确推广

二三季度主要定位终端渠道餐饮店，此阶段如果不能进入指定消费前三名，而市场又已定为品牌或战略市场，那么目标失败将成定局。餐饮名次绩效如下：第一名：流通能达到终端的五倍；第二名：流通能达到终端的三倍；第三名：流通能达到终端的二倍；第三名以后，得不偿失。

三季度末到四季度主要跟进超市，中秋节前到岸价12元/瓶以内的产品可以走向流通。

四季度主要稳定餐饮，加强超市，构建批零网点，分步有序地推向批零。

第一季度，流通强销期，重在超市促销和批零强销，加强流通力，目的是尽量达到渠道最终的全面覆盖。

以上种种，都不是单独进行的，最精确的往往是最有科学性和整合性的。精确营销的整合阐述是：精确调查下的精确定位，目标市场精确定位下的产品结构精确布局，在市场重点突破布局的同时，须有精确客户作配合，还要依规律进行渠道的精确推广，做到广告紧跟渠道走，促销紧跟产品走，这样精确营销阵地战才能“稳、准、狠、快”地有效营销。

二、营销，阵地战是最好的选择

营销发展到现在，手段和方法自然很多，然而能让企业做大做强的营销策略却多是阵地战营销。阵地战以我为中心，建立一套完善完备的营销经营策略，在企业发展中不断完善，为企业的发展指明了方向，开拓了道路。海尔的成功，麦当劳的成功，都是营销阵地战的极好范例。

海尔的营销阵地战

海尔从一个亏损147万元的集体小厂，到现在的大型联合舰队，企业营销战略起了很大的作用。海尔通过资本营销、名牌营销、文化营销、人才营销等阵地战式的策略，一步步走向今天的辉煌。

1．海尔扩张的基础

(1) 初期以资本营销为主

海尔总裁张瑞敏说："资本是船。"海尔起初没有船，

1984年时它只不过是一个亏损100多万元的集体小厂，到1997年，它已是一个拥有60多家紧密层企业（其中销售收入过亿元的企业有十几个）、直属员工近两万人、总资产达近60亿元的多主体、多元化、立体化的开放式大企业。在我国白色家电企业中门类最齐、水平最高、规模最大。它在北美、欧共体、中东等重点市场发展了30多家海尔专营商、6000余个经销点，还在美国和东南亚多国开设了分厂。

(2) 名牌营销为策略

资本运营的高级阶段就是品牌运营，海尔充分利用这一点。“名牌是帆”，这是张瑞敏的一个思考。张瑞敏一上任，就发出“起跑创名牌，冲刺到名牌”的号令。70多台冰箱不合格，他不是降价处理，而是由责任人用大锤亲手砸烂，因为海尔人决不能心存“次品”意识。今天，海尔已成为中国家电名牌，也是世界家电一强。德国利勃海尔是海尔的老师，可今天这个总部的老板面对张瑞敏时，也不由地感叹：“我们为自己培养了一个竞争对手。”

(3) 文化营销是基石

海尔人是文化人，言必称文化，事必行文化，让你感到海尔文化无处不在。海尔员工人手一册《海尔企业文化手册》，内容有海尔理念、海尔战略、海尔经营目标体系、管理制度、道德规范等。他们巧妙地把“斜坡球体论”运用于企业管理：企业如同一只球，在往坡上滚时，必须不断克服阻力才能上升到新的高度。为此，必须实行“OEC管理”，即全面地对每个人、每一天、每件事进行控制和清理，每位员工按“日事日毕、日清日高”的标准检查自己，使每项工作每天都有新的提高，整个企业有条不紊地向上“爬坡”。“企业每天都没有惊天动地的事情发生，这才是正常的、成功的。”海尔达到了国内外企业专家要求的境界。

(4) 人才营销立于不败之地

张瑞敏是海尔的“指挥长”，以杨绵绵为代表的三位副总裁是优秀的舵手，各个事业部的部长、总经理是熟谙市场的骁将。他们把决策层的创造性延伸到“顶”到“点”，让海尔不断地走向辉煌。在海尔崭新的用人理念和机制下，一批批优秀的管理人才脱颖而出。张瑞敏说：“你能翻多大的筋斗，我就给你搭多大的舞台。”海尔实行公开招聘、竞争上岗的办法选拔人才。事业部每个月将空岗情况公之于众，任何人都可以竞聘。这为海尔培养、造就了一批批人才。

由此可见，海尔的成功靠的是资本、品牌、文化、人才四大必要条件。四项缺一不可，某一项不强也不可，四项皆强才造就了今天强大的海尔。

2．扩张中的营销策略

(1) 巧用“吃休克鱼”方法

“休克鱼”，张瑞敏的解释是：鱼的肌体没有腐烂，比喻企业的硬件很好；而鱼处于休克状态，比喻企业的思想、观念有问题，导致企业停滞不前。

习惯上人们将企业间的兼并比作“鱼吃鱼”。从国际上看，企业间的兼并可以分成三个阶段：先是“大鱼吃小鱼”，即大企业兼并小企业；再是“快鱼吃慢鱼”，即资本向技术靠拢，新技术企业兼并传统产业；然后是“鲨鱼吃鲨鱼”，即“强强联合”。海尔人认为，他们吃的既不是小鱼，也不是慢鱼，更不是鲨鱼，而是“休克鱼”。

这种企业一旦注入新的管理思想，有一套行之有效的管理办法，就很快能够被激活。“吃休克鱼”理论为海尔选择兼并对象提供了现实依据。海尔看中的不是兼并对象现有的资产，而是潜在的市场、潜在的活力、潜在的效益。海尔15件兼并案中有14件是按照“吃休克鱼”的模式进行的。14家被兼并企业的亏损总额达到5亿元，而最终盘活的资产为14亿元，成功地实现了1+14>15的低成本扩张目标。

（2）“休克鱼”的四种吃法

海尔成功的兼并靠的是四种形式：

第一是整体兼并。即依托政府的行政划拨实现企业的合并。青岛红星电器厂曾是我国三大洗衣机生产企业之一，年产洗衣机70多万台，拥有三千多名职工，但由于经营不善，企业亏损1亿多元。1995年，青岛市政府决定将红星电器公司及所属五个厂家整体划归海尔。兼并三个月后，企业扭亏，半年后盈利100多万元。

第二是投资控股。整体兼并更多地出现在同一地区、同一行业间的兼并中，而跨地区、跨行业的兼并则主要依靠投资控股的形式。前者是行政行为，后者是经济行为。1995年年底海尔收购武汉冷柜厂60%股权，迈出了跨地区经营的第一步。1997年春，海尔出资60%与广东爱德集团公司合资组建顺德海尔电器有限公司，并创下了“第一个月投产，第二个月形成批量，第三个月挂牌”的“海尔速度”。

第三是品牌运作。这是以无形资产调控、盘活有形资产的形式。山东莱阳家电总厂生产的“双晶”牌电熨斗曾名列行业三大名牌之一。1997年初，海尔与莱阳家电总厂以“定牌生产”的方式合作推出了海尔“小松鼠”系列电熨斗；8月，又进一步组建了莱阳海尔电器股份有限公司。海尔首次以无形资产折股投入合资企业，开辟了低成本扩张的新途径。

第四是虚拟经营。它既是品牌运作的一种高级形式，又是海尔“先开市场，后建工厂”经营理念的具体体现。这种重组方式已经超越了“吃休克鱼”的模式，而是通过“强强联合”，优势互补，新造一条活鱼。与杭州西湖电子集团的合作就是海尔虚拟经营的成功尝试。从这个意义上说，海尔“探路者彩电”不仅是市场的探路者，也是扩张重组新形式的探路者。

四种兼并形式，反映了海尔扩张之路走过的三个阶段：整体兼并带有明显的计划经济特色，属于产品运营阶段；投资控股是市场经济条件下的规范行为，属于资本运营阶段；品牌运作和虚拟经营则进入了资本运营的高级形态，属于品牌运营阶段。

（3）克隆“海尔鱼”

海尔兼并扩张的一条基本原则是“总体一定要大于局部之和”。它体现了海尔扩张的宗旨：求强，而不仅仅是为了做大。因为是求强，所以海尔必须兼并一个成功一个，必须最大限度地优化资源配置，挖掘企业重组后的潜能。海尔兼并的过程，实质上就是海尔自我复制即“克隆海尔鱼”的过程。张瑞敏认为，兼并能否成功，就看企业自己有没有一个过硬的经营模式。一般接收兼并企业，第一个派去的总是财务部门，而海尔第一个派去的却是企业文化中心，由企业文化中心的人去讲海尔精神、海尔理念。海尔兼并案中，有的派了人、给了钱；有的只派人、不给钱。比较两种方式的效果，证明只派人不给钱的方式是最为成功的。只要派去的人真正领悟了海尔精神的精髓，具备了海尔的基因，然后把海尔基因移植到新的企业，兼并就有把握成功，什么困难都可以克服。专家认为，当代企业竞争的最高形式是企业文化的竞争。海尔人认为，海尔的扩张实质上是海尔精神、海尔文化的扩张。

3．风险防范

所谓扩张风险，可能来自多方面，其中最主要的是多元化风险、组织风险和人事风险。

对多元化风险的防范，海尔的原则是“东方亮了再亮西方”“东方不亮西方亮”，这也是许多企业采取多元发展战略时打的“如意算盘”。“东方亮了再亮西方”，是海尔的多元化发展战略。张瑞敏说："问题不在于企业需不需要搞多元化，而在于企业自身有没有能力搞多元化。"海尔对于企业多元化扩张的态度是：有前提、有条件、讲方针地谨慎地肯定。对于兼并扩张、资产重组，张瑞敏强调两点：一是要具备一定的条件。首要条件是主体要具备这种优势：内部的管理模式是一流的并与世界接轨；外部市场上的产品要在同行业名列前茅。二是目的要正确。不是为了简单的外延扩张，而是为了有质的发展，向新技术进军；不是为了追求形式上的大，而是为了联合起来强。

海尔自身的优势是：

（1）以"日清日高"管理法为核心的独具特色的企业文化；

（2）靠质量信誉的名牌效应；

（3）覆盖面广泛的市场网络和星级服务体系。

这三张"王牌"，主要是无形资产。"以无形资产盘活有形资产"是海尔兼并扩张、资产重组的特色，也是其实现低成本扩张的秘诀。具体策略是吃"休克鱼"，克隆"海尔鱼"，供克隆的基因、移植去的"海尔模块"，则是海尔文化、海尔精神。正是这个王牌武器，有效地防范了与目标企业员工整合的风险，成功地兼并了15个企业，盘活了15亿资产，克隆出15个"海尔"。

组织风险防范：五阶段对策对于大企业集团来说，组织风险可能是一种致命的风险。如何把握好分权和控制力的度，历来是大企业最头疼的事。分权不到位，所属企业缺乏主动性、积极性和活力；分权过度，则缺乏必要的控制力，总体上不能形成1+1>2的效果。张瑞敏提出的“联合舰队”模式，既有效地防范了企业的组织风险，又为实现1+1>2的效果奠定了组织保障。

在企业组织成长的不同阶段，海尔防范组织风险的对策有所不同。

初创阶段。规律性的问题：企业组织不正规。对策：确立名牌战略，使企业从无序走向有序。

定向发展阶段。规律性的问题：低层管理者要求更多的自主权。对策：及时提出并实施“权力分散化”。

4．人事风险的防范

人的管理是企业管理的核心。随着企业经营规模的扩张，人事风险也会随之加大。海尔防范可能的人事风险的做法，主要体现在几个层面：

（1）“人人是人才”，“优秀的产品是优秀的人才做出来的”。这种尊重人的理念，有助于调动员工的积极性，防范离心力风险。

（2）“事事有人管，人人都管事。”这可以防范“无事找事”的组织风险。在风险管理理论中，“无事找事”是组织人事风险的一个定律。

（3）“管事凭效果，管人凭考核。”将竞争机制引入人才选拔中，消除、防范了任人唯亲的组织人事风险。

（4）对工人“三工并存、动态转换”的激励机制：根据工作态度和效果，优秀员工、合格员工、试用员工三种身份之间可以进行动态转变。对管理人员实行“届满轮流，升迁靠竞争”的激励机制。这有效地防范了怠惰风险。

（5）“用亦疑”的用人理论。张瑞敏认为，所谓“用人不疑，疑人不用”是对市场经济的反动，但用了的人不等于不需要监督。市场经济依靠法制力量，目前法规还不健全，需要强化监督。这种“用亦疑”的用人理论，在实践中实际上是一种约束机制，它有效地防范了组织人事方面授权失当的风险。

海尔阵地战式的营销管理，在企业的发展中起到了决定性作用，在企业扩张中为企业保驾护航，从海尔的成功营销中我们能够不断汲取营养。

我们现在来看沃尔玛又是如何阵地战营销的。

沃尔玛的阵地战成功营销经验

美国沃尔玛连锁店是美国最大的也是世界最大的连锁零售商，目前已拥有商店3000多家，员工90多万人。公司在1997年销售额就已达到1180亿美元，相当于我国当年商品零售总额的36%。沃尔玛通过一流的服务营销、完善的采购、现代化的信息系统、以人为本的人力资源管理方法取得了今天的成绩。

1．合理的业态营销

在沃尔玛的商店中，主要包含三种零售业态，这种定位对沃尔玛的成功起到了重要的作用。

（1）沃尔玛购物广场。购物广场又称超级购物中心，经营应有尽有的生活用品。通过一站式购物，适应今天人们繁忙的生活方式，为顾客提供综合服务。购物广场采用超级市场经营模式。为使顾客免受干扰，卖场中营业员很少。沃尔玛实行夜间售货制和夜间理货制，白天只做小量收货、理货工作，这样就使现场十分清净。沃尔玛认为这是对顾客的尊重。

（2）山姆会员商店。山姆会员商店实际上是仓储式商店，它以仓储价格向会员提供各种优质产品。山姆会员商店的利润很低，主要靠收取适当的会员费。这样会员顾客购买商品时，能享受到低于市价10%-30%的低价。在采购中采取“限制商品品种，精选高品质品牌”的策略，每店大约只有3000至5000个品种，不讲系列化，力争品牌较少而销售量最大。所有商品进店后都放在卖场。

（3）折扣商店。折扣商店就是廉价商店。1962年沃尔玛开设第一家折扣商店，1970年达到18家，现在已达到了2784家。

2．一流的服务营销

不得不说的一点是沃尔玛的顾客服务。据说沃尔玛的顾客服务是世界一流的。这主要体现在三个方面：

（1）商品对口。沃尔玛放在第一位的是商品对口。这是公司在采购环节就反复强调的顾客观念。

（2）保证供货。缺货不单给顾客带来不便，更令沃尔玛蒙受生意上的损失。

（3）良好的购物环境。符合清洁、安全、方便的要求。

（4）与众不同的员工。实行员工微笑服务。沃尔玛的服务准则是："三米"原则，即在三米以内要跟顾客目光接触、点头、微笑、打招呼，保证顾客100%满意。凡沃尔玛员工都要知晓两条原则：第一条，顾客永远是对的。第二条，如果顾客有错，也请参照第一条。

3．完备的商品采购管理

沃尔玛实行进销分离的体制，对采购的各个环境实行严格管理，力求最大限度降低成本。总部采购部由20个人负责所有分店商品的采购，而分店是一个纯粹的卖场。沃尔玛已舍弃了系列化原则，发现各个商店80%的销售额通常由20%的商品创造，称之为"80/20"原则。采购员的任务之一就是经常分析这20%中的商品是什么，然后把它采购进来。新品购进后，采购员还要注意顾客及商店运营回应，根据不同情况增加有需求的品种，同时剔除出售不好的商品。如果说沃尔玛把处理好与顾客的关系放在第一位，那么，给供应商提供服务，这是沃尔玛要处理好的第二个外部关系。虽然在订单上尽量争取低价位，但强调与供应商共同发展。对员工，要求廉洁诚实。每位员工进入公司时都要签一份廉洁诚实声明，以后还要经常进行廉洁诚实培训。特别要求采购员一定要诚实。客户请客、礼品、红包一概不能接受。内部设有调查员，专门调查采购员与供应商的关系。采购员一般半年调换一下业务范围。

4．现代化的信息系统

沃尔玛利用最新的科学技术来管理与协调整个的采购及销售流程。在全球拥有3000多家商店、41个配销中心、多个特别产品配销中心。它们分布在美国、法国、中国等8个国家。公司总部与全球各家分店和各个供应商通过共同的电脑系统进行联系，它们有相同的补货系统、相同的会员管理系统、相同的收银系统，这样的系统便于使每一家商店了解全球商店的资料。电脑系统不仅方便了统一管理，也给采购员、商店员工以及供应商带来了很大的方便。

5．以人为本的人力资源管理

沃尔玛从1945年创立第一家商店起，经50多年成长，成为零售业巨头。其根本点是有着明确的企业价值观和企业文化。创始人山姆总结出了“事业成功的十大法则”，并经常与经理们和同仁们共勉。十大法则是：忠诚你的事业；与同仁建立合伙关系；激励你的同仁；凡事与同仁沟通；感激同仁对公司的贡献；成功要大力庆祝，失败要保持乐观；倾听同仁的意见；超越顾客的期望；控制成本低于竞争对手；逆流而上放弃传统观念。这十大原则中有七条是讲员工关系的，可见沃尔玛把员工关系放在何等重要的地位。在沃尔玛的整体规划中，建立公司与商店员工的合伙关系被视为最重要的部分。沃尔玛处理员工关系常用“分享信息”和分担责任这两种方法，它们使人产生责任感和参与感。

尊重个人是沃尔玛的企业文化。在沃尔玛，“我们的员工与众不同”不仅是一句口号，更是沃尔玛成功的原因。它的含义是每个员工都很重要，无论他（她）在什么岗位都能表现出众。沃尔玛注重与员工沟通，倾听员工的意见。同仁所提出的想法，始终都能受到高度重视。沃尔玛推行开放式管理，任何员工都有权走进管理人员的办公室讲述任何话题，发表任何意见。可见沃尔玛对员工是何等重视。

营销，阵地战是最好的选择。它使得企业能以一个点为中心，不停地向外发散。在扩展中能够牢牢稳固住企业的根本，只要根本不变，无论如何扩展都能以根本为要素不断地随机应变，从而保证企业走上一个又一个新的高度。试看古今中外的大企业，通过阵地战营销成功的数不胜数。

三、营销阵地战的四大策略

望、闻、问、切作为中国中医治疗疾病的有效手段，讲的是通过看气色、听声音、问病情、把脉博四个步骤来为患者诊断病情的过程，其实在营销领域，营销人员运用望、闻、问、切四大阵地战营销策略进行市场工作，也能起到很好的作用。

阵地战营销策略一：望。多做市场调查

没有调查就没有发言权，作为市场营销人员，要进行市场工作，首先需要对市场情况有所了解，这样才能有的放矢，而望就是通过看来对市场情况进行认知的一个过程，从而达到掌握市场第一手资料的目的，为后续的市场工作打好基础。在对市场进行诊断的过程中，多看主要是指：

1．了解市场底细：包括市场特性、人文环境、消费特性、收入水平、人口数量。

2．了解产品的情况：销售情况、产品品项、产品价格、产

品渠道等。

3．了解自己产品的情况：销售情况、市场地位、品项优劣势。

4．了解渠道的情况：有多少终端、有多少卖场、渠道分布如何、渠道特点是什么等问题。

5．了解自己的人员情况：人员的数量、人员的性格和特性、长处、优缺点。

6．了解经销商的渠道组成：资金情况、代理产品的品牌、在当地的影响力和社会背景。

7．了解媒体的资源情况：有多少媒体、哪些是强势媒体、哪些是弱势媒体、各媒体的经营情况、报纸的发行量、电台的主要受众、电视台无线台的覆盖率、有线电视的终端用户数等。

通过了解这些问题，对市场的认识已经有了一个全局性的概念，不过这些只是对整体市场最初步的了解，是市场营销的第一步。我们来看个案例，吉利公司是如何成功运用这一策略的。

吉利公司市场调查的成功

男人长胡子，因而要刮胡子；女人不长胡子，自然也就不必刮胡子。然而，美国的吉利公司却把“刮胡刀”推销给女人，居然大获成功，这不得不归功于吉利成功的市场调查。

吉利公司创建于1901年，其产品因使男人刮胡子变得方便、舒适、安全而大受欢迎。进入20世纪70年代，吉利公司的销售额已达20亿美元，成为世界著名的跨国公司。然而吉利公司的领导者并不因此满足，而是想方设法继续拓展市场，争取更多用户。就在1974年，公司提出了面向妇女的专用“刮毛刀”。

这一决策看似荒谬，却是建立在坚实可靠的市场调查的基础之上的。

吉利公司先用一年的时间进行了周密的市场调查，发现在美国30岁以上的妇女中，有65%的人为保持美好形象，要定期刮除腿毛和腋毛。这些妇女之中，除使用电动刮胡刀和脱毛剂之外，主要靠购买各种男用刮胡刀来满足此项需要，一年在这方面的花费高达七千多万美元。相比之下，美国妇女一年花在眉笔和眼影上的钱仅有六千多万美元，染发剂五千多万美元。毫无疑问，这是一个极有潜力的市场。

根据市场调查结果，吉利公司精心设计了新产品，它的刀头部分和男用刮胡刀并无两样，采用一次性使用的双层刀片，但是刀架则选用了色彩鲜艳的塑料，并将握柄改为弧形以利于妇女使用，握柄上还印压了一朵雏菊图案。这样一来，新产品立即显示出女性的特点。

为了使雏菊刮毛刀迅速占领市场，吉利公司还拟定几种不同的“定位观念”到消费者之中征求意见。这些定位观念包括：突出刮毛刀的“双刀刮毛”；突出其创造性的“完全适合女性需求”；强调价格的“不到50美分”；以及表明产品使用安全的“不伤玉腿”等等。

最后，公司根据多数妇女的意见，选择了“不伤玉腿”作为推销时突出的重点，刊登广告进行刻意宣传。结果，雏菊刮毛刀一炮打响，迅速畅销全球。

这个案例说明，市场调查研究是经营决策的前提，只有充分认识市场，了解市场需求，对市场做出科学的分析判断，决策才具有针对性，从而拓展市场，使企业兴旺发达。

美的能够望准趋势，把握商机

近几年，我们发现美的电器在变频空调和豆浆机市场的强势推广，正在改变着原有的市场格局与排名座次，美的电器通过无处不在的广告轰炸，抢夺消费者即有的变频空调选海信、豆浆机选九阳的印象，使得哪里有海信和九阳出现，哪里就有美的的身影。

美的表面上是跟海信变频空调、九阳豆浆机争夺市场，实际上是在抢“节能环保家电”和“健康家电”的大势。随着节能环保观念以及安全营养饮食观念的深入人心，许多过去消费者无意识购买的产品，都逐渐成为了热销品，美的在市场渐趋成熟之际，发动总攻，迎合市场需求，抢夺经过多年市场推广和市场教育才开发出的蛋糕，抓住了这个市场机会，无疑是高明的。它抢的不仅仅是市场份额，而且还是未来节能环保家电和健康小家电龙头老大的位置。

而其他家电企业却似乎没有看到这样的趋势，在这方面给予研发投入和市场投入，以及更多的关注。

你不抢，就会被别人抢，你不占领，就会被竞争对手占领，我们发现在商战中，最终的格局往往是双巨头，如肯德基和麦当劳，可口可乐与百事可乐，虽然之间也有竞争，但是市场份额基本上被这两家垄断。

通过多年的品牌传播和渠道建设，很多消费者想起变频空调会联想到海信，想起豆浆机就会联想到九阳，那么再想下去，还有别家吗，很多人就说不上来了。美的正是看到这个认知上的空隙，凭借在冰箱，以及豆浆机方面积累的优势，开始向变频空调和豆浆机进军，目的就是形成最终的双寡头，实现市场占有和认知占有的战略合围。

那么我们来看看战况如何，2010年第一月变频空调市场监测报告，美的变频空调以30.6%的市场占有率稳居行业第一；引领国内变频空调市场持续上扬，四大国产品牌占据80%的市场份额，近四倍于外资品牌；在五大畅销变频空调型号中，美的占据前两强，其中美的“银河M180”一直是最受消费者喜爱的变频空调。

而在豆浆机市场，2010年初，市场份额争夺战更加明显，九阳市场份额下降至67%多，加上欧南多共计70%；而美的豆浆机的份额已达23%左右。

美的电器目前通过抢逼围的强势营销战，已经成为变频空调和豆浆机领域数一数二的品牌，健康、节能的大势，使海信空调和九阳豆浆机多年苦心经营的市场份额逐年下滑。

当然，单靠抢逼围还不够，产品品质也要过硬，以变频空调为例，据了解，美的变频空调在超宽频运行上已经达到最高水准的1-130赫兹范围，核心支撑技术就是“1赫兹低温预热技术”，可令压缩机在冬季气候恶劣的时候，启动制热前处于最佳的待工作状态，提高制热能力，而且对压缩机有保护作用，提高使用寿命。据专家透露，此前只有日本本土的产品有这种变频低温预热技术，美的是目前为止唯一掌握此技术的国内企业。

市场营销要素二：闻。多做反馈，了解市场问题的症结

市场营销前期的市场调查只能是整个市场工作的第一部分，找到市场的问题所在是市场工作中重要的一个环节，这时作为营销人员就需要在市场调查的基础上带着耳朵、带着思考做一个更全面的分析。通过听经销商、同事、终端的谈话，了解自身产品在市场上有什么问题，听他们的解决方案、听他们的市场思路，通过听了解更多解决问题的办法，当然，这并不是要你全盘接受他们的观点和看法，而是通过带着思考地听，来找到市场营销中问题的根本所在和最好的、最有效的解决问题的办法。

曾经有这样一个美国式幽默，假若你在酒吧向侍者要杯可乐，不用猜，十次他会有九次给你端出可口可乐，还有一次呢？对不起，可口可乐卖完了。可口可乐的魅力由此可见一斑。在美国人眼里，可口可乐就是传统美国精神的象征。但就是这样一个大品牌，20世纪80年代中期却出现了一次几

乎致命的失误。20世纪70年代中期以前，可口可乐一直是美国饮料市场的霸主，市场占有率一度达到80%。然而，70年代中后期，它的老对手百事可乐迅速崛起。1975年，可口可乐的市场份额仅比百事可乐多7%；9年后，这个差距更缩小到3%，微乎其微。那么百事可乐为何能一举超过强大的可口可乐呢？这取决于百事可乐出色的营销策略：1. 针对饮料市场的最大消费群体——年轻人，以“百事新一代”为主题推出一系列青春、时尚、激情的广告，让百事可乐成为“年轻人的可乐”；2. 进行口味对比。请毫不知情的消费者分别品尝没有贴任何标志的可口可乐与百事可乐，同时百事可乐公司将这一对比实况进行现场直播。结果是，有八成的消费者回答百事可乐的口感优于可口可乐，此举马上使百事可乐的销量激增。对手的步步紧逼让可口可乐感到了极大的威胁，它试图尽快摆脱这种尴尬的境地。1982年，为找出可口可乐衰退的真正原因，可口可乐决定在全国10个主要城市进行一次深入的消费者调查。可口可乐设计了“你认为可口可乐的口味如何？”“你想试一试新饮料吗？”“可口可乐的口味变得更柔和一些，您是否满意？”等问题，希望了解消费者对可口可乐口味的评价并征询对新口味可乐的意见。调查结果显示，大多数消费者愿意尝试新口味可乐。可口可乐的决策层以此为依据，决定结束可口可乐传统配方的历史使命，同时开发新口味可乐。没过多久，比老可乐口感更柔和、口味更甜的新可口可乐样品便出现在世人面前。

为确保万无一失，在新可口可乐正式推向市场之前，可口可乐公司又花费数百万美元在13个城市中进行了口味测试，邀请了近20万人品尝无标签的新老可口可乐。结果让决策者们更加放心，六成的消费者回答说新可口可乐味道比老可口可乐要好，认为新可口可乐味道胜过百事可乐的也超过半数。至此，推出新可乐似乎是顺理成章的事了。

可口可乐不惜血本协助瓶装商改造了生产线，而且，为配合新可乐上市，可口可乐还进行了大量的广告宣传。1985年4月，可口可乐在纽约举办了一次盛大的新闻发布会，邀请200多家新闻媒体参加，依靠传媒的巨大影响力，新可乐一举成名。看起来一切顺利，刚上市的一段时间，有一半以上的美国人品尝了新可乐。但让可口可乐的决策者们始料未及的是，噩梦正向他们逼近——很快，越来越多的老可口可乐的忠实消费者开始抵制新可乐。对于这些消费者来说，传统配方的可口可乐意味着一种传统的美国精神，放弃传统配方就等于背叛美国精神，“只有老可口可乐才是真正的可乐”。有的顾客甚至扬言将再也不买可口可乐。每天，可口可乐公司都会收到来自愤怒的消费者的成袋信件和上千个批评电话。尽管可口可乐竭尽全力平息消费者的不满，但他们的愤怒情绪犹如火山爆发般难以控制。迫于巨大的压力，决策者们不得不做出让步，在保留新可乐生产线的同时，再次启用近100年历史的传统配方，生产让美国人视为骄傲的“老可口可乐”。仅仅3个月的时间，可口可乐的新可乐计划就以失败告终。尽管公司前期花费了2年时间、数百万美元进行市场调研，但可口可乐忽略了最重要的一点——对于可口可乐的消费者而言，口味并不是最主要的购买动机。

由此可见出色的营销能够使得企业迅速崛起，而失败的营销又能使企业迅速衰落。

铱星：无可奈何的陨落

提起铱星，现在很多人可能都把它淡忘了。但上个世纪末，它曾是全球通信尖端技术的排头兵，被一些科学家誉为科技领域的奇迹。然而铱星陨落了，无论如何，这都是通信史上一件十分令人惋惜的事情。铱星的失败是营销的失败！1987年，铱星公司开始了一项通信史上前所未有的浩大工程："铱星系统"计划。整个工程预计11年完成，累计耗资50多亿美元。铱星公司的目标是利用66颗卫星，组成一个包围地球的"卫星圈"，从而使无线通信网络覆盖全世界的每个角落，包括两极与各大海域。11年后，它的梦想得以实现，这是世界上第一个大型低轨卫星通信系统，也是全球最大的无线通信网络。铱星系统的诞生，可以说是移动通信领域的一个里程碑。人类第一次实现了不依赖于地面网而直接通信，对于科技、军事、远洋等方面也有着非凡的意义。当年，它被美国的《大众科学》列为年度百项最佳科技成果之一，某些权威机构甚至将它评为1998年世界十大科技成就之一。在稍后的科索沃战争和台湾大地震中，铱星系统都发挥了积极的作用。但由于没有进行深入的市场调研，铱星系统成为了一件华而不实的摆设。首先，铱星定位远离了市场需求。鉴于自己高昂的建设与维护成本，铱星公司给高科技与“贵族科技”划上了等号。铱星手机每部售价高达3000美元，通话费亦比普通手机贵数倍。过高的费用吓跑了许多崇尚高科技的手机消费者。按市场经验推算，铱星公司要达到盈利水平，至少要发展65万用户，而实际情况是开业前二个季度，它仅吸引了1万个用户，亏损达到10亿美元。尽管铱星后来调低了收费标准，可惜为时已晚。其次，铱星的决策也存在严重缺陷。铱星系统通过卫星之间星际链路直接传送信息，先进性自不必言，但如此一来，也使系统风险太大、成本过高，最终导致它在与其他通信商竞争时处于劣势。还有，系统投入商用时，技术条件尚不十分完善，糟糕的通话服务让用户怨言四起，潜在客户更是敬而远之。第三，铱星除了负责整个系统建造及终端产品生产的投资，并不直接参与运营，铱星系统这样一个全球性的个人卫星通信系统，基本处于分散经营状态，不能充分发挥其全球优势。结果，系统投入商用时，零售商们居然还未得到铱星手机；另外，一些客户虽然对铱星手机很感兴趣，却不知道到那里购买。铱星公司的低效率传递出这样的负面信息：铱星手机不是面向普通百姓的东西。这样一来，就失去了很多顾客。种种问题纠缠在一起，铱星的经营状况每况愈下。而后，各种到期的债务更使它举步维艰，公司股东在多次注资无效的情况下，最终放弃了对铱星的支持。2000年初，铱星公司向法院申请破产保护。一位专家评论说，铱星是在“错误的时间，错误的地点，发动了一场错误的战争”。尽管它技术超前，但由于没有坚实的市场基础，又实行了错误的营销策略，最终也避免不了陨落的命运。

市场营销要素三：问。找准市场机会和对手的弱点

问就是对思考正确与否的再判断过程，通过前面的望、闻两点了解情况后，就要进行判断。判断也是对前期市场调研所收集的市场信息进行一个再分析的过程，其目的是通过与相关人员的沟通找到市场上共性的东西和市场存在的机会。

在这个环节上，作为市场人员所要问的是——

问经销商：了解经销商心理和市场的运作思路，找到问题出现的主观原因。

问终端：了解产品的销售情况和影响销售的因素，是产品问题，是经销商配送问题，还是竞争对手太强或者是消费者购买的特性和动机没有被充分找到和挖掘。

问同事：自己产品的特点是什么？具备什么优势、自己的长处在哪、企业的优劣势是什么、自己的机会在哪、怎样才能够发挥长处避免短处。

问对手：当然这不是直接问对手，而是去问你的一线业务人员、你的终端、你的经销商，通过他们了解对手的优劣势、长短处和他们的市场动态。

下面来我们来分析下宝洁的案例，由此我们就能看得出市

场营销中的问起着多么重要的作用了。

宝洁公司以其寻求和明确表达顾客潜在需求的优良传统，被誉为是美国面向市场方面做得最好的公司之一，其婴儿尿布的开发就是一个例子。1956年，该公司开发部主任维克·米尔斯在照看其出生不久的孙子时，深切感受到一篮篮脏尿布给家庭主妇带来的烦恼。洗尿布的责任给了他灵感，于是，米尔斯就让手下几个最有才华的人研究开发一次性尿布。

一次性尿布的想法并不新鲜。事实上，当时美国市场上已经有好几种牌子了。但市场调研显示：多年来这种尿布只占美国市场的1%。原因首先是价格太高；其次是父母们认为这种尿布不好用，只适合在旅行或不便于正常换尿布时使用。调研结果还表明，一次性尿布的市场潜力巨大。美国和世界许多国家正处于战后婴儿出生高峰期，将婴儿数量乘以每日平均需换尿布次数，可以得出一个大得惊人的潜在销量。

宝洁公司产品开发人员用了一年的时间，力图研制出一种既好用又对父母有吸引力的产品。产品的最初样品是在塑料裤衩里装上一块打了褶的吸水垫子。但那年夏天的现场试验结果，除了父母们的否定意见和婴儿身上的痱子以外，一无所获。于是又回到图纸阶段。

第二年，宝洁公司重新设计了它的一次性尿布，并在实验室生产了37000个，样子与现在的产品相似，拿到纽约州去做现场试验。这一次，有三分之二的试用者认为该产品胜过布尿布。然而，接踵而来的问题是如何降低成本和提高新产品质量。为此要进行的工序革新，比产品本身的开发难度更大。一位工程师说它是“公司遇到的最复杂的工作”，生产方法和设备必须从头搞起。不过，到1961年底，这个项目进入了能通过验收的生产工序和产品试销阶段。

公司选择地处美国最中部的城市皮奥里亚来试销这个后来被定名为“娇娃”的产品，发现皮奥里亚的妈妈们喜欢用“娇娃”，但不喜欢10美分一片尿布的价格。因此，价格必须降下来。降多少呢？在6个地方进行的试销进一步表明，定价为6美分一片，就能使这类新产品畅销，使其销售量达到零售商的要求。宝洁公司的几位制造工程师找到了解决办法，来进一步降低成本，同时把生产能力提高到使公司能以该价格在全国销售娇娃尿布的水平。娇娃尿布终于成功推出，直至今日仍然是宝洁公司的拳头产品之一。

由此可见，企业对市场真正需求的把握需要通过直接的市场调研来论证。通过潜在用户的反映来指导和改进新产品开发工作。企业各职能部门必须通力合作，不断进行产品试用和调整定价。最后，公司做成了一桩全赢的生意：一种减轻了每个做父母的最头疼的家务的产品，一个为宝洁公司带来收入和利润的重要新财源。

市场营销要素四：切。合理定位市场

切是对前期所有结论进行一个总结分析的过程和再验证的过程，是对市场进行定位的准确判断，是确诊，是最后的定

论。在这个步骤中，营销人员需要进一步系统地全面地角度了解市场存在的问题，深层次地了解市场的本质特性和市场存在的机会，从而为制定市场方案找到可以信服的理由。

20世纪20年代的美国，被称为“迷惘的时代”。经过第一次世界大战的冲击，许多青年都自认为受到了战争的创伤，并且认为只有拼命享乐才能将这种创伤冲淡。他们或在爵士乐的包围中尖声大叫，或沉浸在香烟的烟雾缭绕当中。无论男女，他（她）们嘴上都会异常悠闲雅致地衔着一支香烟。妇女们愈加注意起自己的红唇，她们精心地化妆，与一个男人又一个男人“伤心欲绝”地谈恋爱；她们挑剔衣饰颜色，感慨红颜易老、时光匆匆。妇女是爱美的天使、社会的宠儿，她们抱怨白色的香烟嘴常沾染了她们的唇膏。于是“万宝路”出世了。“万宝路”这个名字也是针对当时的社会风气而定的，意为“男人们总是忘不了女人的爱”。其广告口号是“像五月的天气一样温和”，用意在于争当女性烟民的“红颜知己”。

为了表示对女烟民关怀，莫里斯公司把“Marlbor”香烟的烟嘴染成红色，以期广大爱靓女士为这种无微不至的关怀所感动，从而打开销路。然而几个星期过去、几个月过去、几年过去了，莫里斯心中期待的销售热潮始终没有出现，热烈的期待不得不面对现实中尴尬的冷场。

“万宝路”从1924年问世，一直至20世纪50年代，始终默默无闻。它的温柔气质的广告形象似乎也未给广大淑女们留下多少利益的考虑，因为它缺乏以长远的经营、销售目标为引导的带有主动性的广告意识。莫里斯的广告口号“像五月的天气一样温和”显得过于文雅，而且是对妇女身上原有的脂粉气的附和，致使广大男性烟民对其望而却步。这样的一种广告定位虽然突出了自己的品牌个性，也提出了对某一类消费者（这里说的是妇女）特殊的偏爱，但却为其未来的发展设置了障碍，导致它的消费者范围难以扩大。女性对烟的嗜好远不及对服装的热情，而且一旦她们变成贤妻良母，也不会鼓励自己的女儿抽烟。香烟是一种特殊商品，它必须形成坚固的消费群，重复消费的次数越多，消费群给制造商带来的销售收入就越大。而女性往往由于其爱美之心，担心过度抽烟会使牙齿变黄，面色受到影响，而在抽烟时较男性烟民要节制得多。“万宝路”的命运在上述原因的作用下，也趋黯淡。

在20世纪30年代，“万宝路”同其他消费品一起，度过由于经济危机带来的“大萧条岁月”，那时它的名字还鲜为人知。第二次世界大战爆发以后，烟民数量上升，而且随着香烟过滤嘴出现，商家承诺消费者，过滤嘴可以使对人体有害的尼古丁进入不了身体，烟民们可以放心大胆地抽自己喜欢的香烟。菲利普·莫里斯公司也忙着给“万宝路”配上过滤嘴，希望以此获得转机。然而令人失望的是，烟民对“万宝路”的反应始终很冷淡。

菲利普·莫里斯公司心有不甘，开始考虑重塑形象。公司派专人请利奥·伯内特广告公司为“万宝路”做广告策划，以期打出“万宝路”的名气。“让我们忘掉那个脂粉香艳的女子香烟，重新创造一个富有男子汉气概的举世闻名的‘万宝路’香烟！”利奥·伯内特广告公司的创始人对一筹莫展的求援者说。一个崭新大胆的改造“万宝路”香烟形象的计划产生了：产品品质不变，包装采用当时首创的平开式盒盖技术，并将名称的标准字尖角化，使之更富有男性的刚强，并以红色作为外盒主要色彩。

广告的重大变化是：“万宝路”的广告不再以妇女为主要对象，而是用硬铮铮的男子汉。在广告中强调“万宝路”的男子气概，以吸引所有爱好追求这种气概的顾客。菲利普公司开始用马车夫、潜水员、农夫等，做具有男子汉气概的广告男主角。但这个理想中的男子汉最后还是集中到美国牛仔这个形象上：一个目光深沉，皮肤粗糙，浑身散发着粗犷、豪气的英雄男子汉，在广告中袖管高高卷起，露出多毛的手臂，手指总是夹着一支冉冉冒烟的“万宝路”香烟。这个洗尽女人脂粉味的广告于1954年问世，它给“万宝路”带来巨大的财富。仅1954年，“万宝路”的销售量就提高了3倍，一跃成为全美第10大香烟品牌，1968年其市场占有率上升到全美同行第二位。

现在，“万宝路”每年在世界上销售香烟3000亿支，用5000架波音707飞机才能装完。世界上每抽掉4支烟，其中就有一支是“万宝路”。是什么使名不见经传的“万宝路”变得如此令人青睐了呢？美国金融权威专栏作家布洛尼克1987年与助手们调查了1546个“万宝路”爱好者。调查表明：许多被调查者明白无误地说他喜欢这个牌子是因为它的味道好，烟味浓烈，使他们感到身心非常愉快。可是布洛尼克却怀疑真正的使人着迷的不是“万宝路”与其他香烟之间微乎其微的味道上的差异，而是“万宝路”广告给香烟所带来的感觉上的优越感。布洛尼克做了个试验，他向每个自称热爱“万宝路”味道品质的“万宝路”瘾君子以半价提供“万宝路”香烟，这些香烟虽然外表看不出牌号，但厂方可以证明这些香烟确为真货，并保证质量同商店出售的“万宝路”香烟一样，结果只有21%的人愿意购买。布洛尼克解释这种现象说：“烟民们真正需要的是‘万宝路’包装带给他们的满足感，简装的‘万宝路’口味质量同正规包装的‘万宝路’一样，但不能给烟民带来这种满足感。”调查中，布洛尼克还注意到这些“万宝路”爱好者每天要将所抽的“万宝路”烟拿出口袋20—25次。“万宝路”的包装广告所赋予“万宝路”的形象已经像服装、首饰等各种装饰物一样成为人际交往的一个相关标志。而“万宝路”的真正口味，在很大程度上是依附于美国牛仔形象之上的一种附加因素。这正是人们购买“万宝路”的真正动机。

万宝路最初将目标市场定位于“迷惘的时代”中的女性顾客，但却没有实现预期的销售效果，这与女性顾客自身的消费行为是直接相关的。出于爱美之心，她们在抽烟时较男性烟民要节制得多，而且产品形象过于温柔，得不到男性顾客的喜欢，因此可以说公司对市场的细分不够合理，细分市场没有足够的规模。重新定位之后，公司将目标顾客瞄准为对香烟消费能力更强的男性，使得市场规模扩大，而且将产品定位在西部牛仔这一刚毅、硬朗，具有男子汉气质的形象上，更是受到了广大男烟民的追捧，因而在市场上获得了极大的成功。

在市场营销中，望、闻、问、切缺一不可，然而这四大策略并不是孤立的，也并不是一定要按这个顺序来做。这里只是把市场营销大致归为这四种通用的方法，套路教给你了，最重要的还是活学活用。只有将其灵活运用到企业的营销战略中，企业才能做活营销，赢得丰厚的利润。

四、把企业根基夯实

随着经济全球化影响的深入，中国企业的经营环境越来越复杂和多变，企业根基问题在管理实践中受到前所未有的重视。经营成功的企业希望夯实企业根基，争取做成百年老店；经营不成功的企业后悔根基不厚，希望建立持续竞争优势；因为“偶然事件”而深陷危机的企业埋怨根基不牢。

在管理实践中，企业根基主要是指那些决定企业长期发展的基础性因素，而不是一个学科概念；它更像一个大口袋，处于不同区域、行业和发展阶段上的企业对于什么因素可以被装进去存在着非常不同的看法。究竟什么是企业根基，企业根基包括哪些内容，以及怎么才能夯实和管理企业根基，这些问题必须引起足够重视和研究，以便它真正成为企业家和经理人可有效管理的对象。

观察那些已经成为百年老店的企业，可以发现有一个共同点，即无论企业经营环境和竞争对手如何变化，这些企业都坚持一些非常简单但又被广泛认同的经营理念和核心价值观：

1．不熟不做。长期专注于一个行业，甚至一个产品；

2．质量优先而不是规模优先。绝对不会为了扩大规模而牺牲产品或者服务的质量；

3．对生产或者服务进行全过程控制。一般都会选择封闭式纵向整合战略；

4．合理盈利。绝对不会因为店好而欺负顾客、供应商，或者干一些违背商业伦理和不承担社会责任的事情；

5．善待员工。他们认为只有员工满意了，顾客才能满意。

企业经营方式是否正确，如果企业的基本经营方式是依靠政府关系而不是依靠市场竞争力，是投机性的而不是投资性的，是过分倚重广告宣传或者过分关注低成本等，而不是将资源和精力持续投放到本行业价值创造的关键环节上，这些基本经营方式都不是正确的。

需要指出的是，企业根基的重要性与企业规模大小有关，但中小企业不能因为自己规模小而根基不正；企业根基正确与否的确与外部环境有关，但企业高层不能用外部环境来开脱自己。所谓基业长青，不仅是指企业要不断创新，而且是指企业要抵制各种诱惑或者压力。

南京冠生园是个非常值得解剖的例子。2001年秋，“南京冠生园大量使用霉变及退回馅料生产月饼”的消息，使举国震惊，各地的“冠生园”亦惨遭株连，销量缩减均在50%以上，其中上海冠生园受害最深。春节刚过，南京冠生园食品有限公司无奈申请破产。接着南京冠生园准备“浴火重生”，宣称“赢信心重于赚钱”，承诺“做一家有良心的企业”。谁料仅过了5个月，便再次陷入月饼危机：所产月饼因菌落总数、大肠菌群及霉菌超标，成了江苏省那次抽检中被认定的唯一不合格产品。一家有七十多年历史的知名企业轰然倒塌，4年后“凤凰涅槃”，却又再次自毁形象。

“冠生园”的创始人是广东人冼冠生。冼冠生的母亲在上海中法药房为伙计们缝洗衣服，因此冼冠生常去那里转悠。中法药房大老板黄楚九（有名大亨，上海大世界创始人，小药仁丹发明者）开发出一种以牛肉汁为原料的保健药，取汁后的牛肉就堆弃在那儿。冼冠生看在眼里，向黄提出要买，黄就半卖半送地给了冼。冼冠生将牛肉渣加上酱油、味精、白糖等佐料，重新煮过，压成方块，用当时流行的进口包装纸包装，印上“冠生”二字，取名“结汁牛肉”，类似现在的休闲食品，既卫生又可口，在当时上海那样得风气之先的地方大受欢迎，成了一桩大买卖。“冠生园”一路走红，提出“食品救国”，接连开发出诸如著名的“大白兔奶糖”之类的新食品，还把原来由家庭作坊自做的月饼搬上了工业生产线。1934年，“冠生园”延聘影后胡蝶为其品牌形象代言人：“唯中国有此明星，唯冠生园有此月饼。”“冠生园”品牌一时名噪大江南北，其南京分店即今“南京冠生园”前身。

回顾历史，我们发现中国“企业”发展史，实际是一部商人发家史，虽涌现出了一大批粮商、盐商、丝绸商、茶叶商、药材商、皮货商、古董商……诸如“大儒商”子贡、“三迁皆荣”的陶朱公范蠡、“富可敌国”的沈秀、“红顶商人”胡雪岩等等，但他们对产品和经营理念，特别是对生产方式的创新却无甚贡献。一边拍着胸膛、信誓旦旦，一边我行我素、照蒙照骗，视企业人格如敝履。中国自古以来就有“义利”之说。诚信，也即“义中取利”，乃企业安身立命之根基。一个不注重诚信的企业，注定是短命的；不尊重诚信的企业，一旦受到冲击就可能带来整个企业的倾覆；而如果一个有“名气”的品牌企业不珍视诚信，则市场给它的“报复”将更为无情和严厉，就像美国能源业巨擘安然和通信业骄子世通等公司的遭遇一样。现今中国有数不清的企业家，有数不清的冠以各种荣誉称号的企业家，但在远见、责任心、回馈社会的意义上，中国还只有为数极少的企业家。我们再来看一个成功的例子，联想是如何稳扎企业根基的。

80年代联想创办的时候，是一家做汉字系统的公司，到现在已经成为一家投资控股型的公司。企业从20万人民币的资本发展至今，已经拥有1400多亿人民币的营业规模。现在联想控股旗下五个子公司的业绩都很好，而且旗下投资公司所投资的企业发展得也非常好。

联想的成长，尤其是并购IBM的PC业务，对中国企业还是有重大意义的。联想并购到目前为止取得了第一阶段的成功，营业额和利润都有比较大幅度的增长，股价也从当时每股两元多涨到了今天的7元多，使投资人得到了很大的回报。

在IT行业，联想的管理走在前沿，在组织架构、业务模式、信息化管理等方面都有比较深的功底。并购后两边一对比，感觉业务的差别不大。由于对业务有深刻的理解，联想能够与国际企业接轨，甚至比它们更加先进，比如第一个CEO的换人。如果不是对业务有深刻的理解，真正明白什么样的人才能够引领企业走得更好的话，是很难下这样的决心的。中国企业的国际化，无论是并购人家的企业，还是像海尔一样逐渐形成自己的品牌，都需要对企业、行业本身有深刻的理解。

对业务的深刻理解，包括对所谓“房子理论”的深刻理解：要注重房顶，也要注重地基，文化的磨合就更是长远的过程了。这其中有东西方地域的文化差别，也有不同企业风格的文化差别，纵横交错。所以，一个企业真正并购成功，是它能够形成一个所有员工都认同的、比较完整、统一的文化基础和风格，把企业根基扎牢，而不仅仅是把钱赚过来。

为什么这么说？联想集团在没有并购IBM的PC之前，在国内走过了失败、成功、再失败、再成功，直至取得比较大的成功的道路，这里面有一点是非常重要的，那就是联想有非常强的执行能力。无论是战略的制定，还是战术步骤上的设计，都是有可能失败的。因为完全正确太难了。战略的制定只有把边界条件弄得很清楚，环境又对，才能成功，这里面很多东西是不可知的，是带有估计性的，因此犯错误是不可避免的。那么，怎样才能够继续走向成功？那就要不断进行调整，对战略的失误进行调整，然后再按照调整后的战略去做。这种调整过程需要有非常强的执行力。

企业的执行力由多方面形成：首先是战略对不对，其次是资源充不充分，此外非常基础的，也是“打大仗”时需要的，就是企业文化。对于联想来说，这个文化基础就是上下一心、说上就能上的一种军队精神，这也是我自己特别崇尚的精神。联想自成立以来，打过几次硬仗，都是靠坚实的文化基础赢得的。

比如，2004年杨元庆一边和IBM谈判并购其PC业务的问题，一边在进行大的业务战略的调整。当时，他们的主要竞争者在中国市场的份额连续五年不断扩大，而且利润率比他们要高。对此杨元庆领导他的团队，花了相当长的时间进行了深刻的调查和分析，最后的结论是：PC领域的客户分成两类，一类是关系型客户，一类是交易型客户。前者是指那些大中型商业客户，比如政府部门和大中型企业，对这类客户要能够全方位、根本性地提供服务，从销售、生产甚至到研发实现一条龙服务。而交易型客户主要是终端的个人消费者和中小企业。对这些消费者来说，购买的是具体的机器。这两类客户实际上需要两个体系，我们的竞争者主要是通过直销方式做大客户，后来“染指”到中型企业。如果我们对所有的客户都是用交易型客户的方式来做，这显然是不合适的。通常认为，直销就是减少了一个层次，其实直销的本质是对最终客户有深刻的了解，能够全方位、根本性地为其服务。

根据这种情况，联想进行了大规模的变革，从研发到供应链体系的每个环节以及销售和服务，都形成了为两种客户服务的不同体系。那几年，仗打得非常艰难，体现了杨元庆的领导能力和联想集团坚实的执行力，广大员工按照领导的决策拼命地往上冲，最终这个战略调整取得了胜利。

2004年年底，联想开始收购IBM的PC业务。当时的情形可以用“惊心动魄”四个字来形容，甚至指挥具体、局部战术的人都不知道，这后面潜藏着很大的危机。因为联想是用股票进行收购，如果业务下滑，股价就会下跌，购买IBM的成本就要成倍地增长。而他们的业务从2001年到2003年一直在下滑，所以就极其紧张地盯着业务，好在2004年，下跌趋势被截住了。

并购IBM的PC业务以后，从整个国际市场上看，一年之内肯定是要亏损的，因为需要有一个组织队伍的过程。但是你要站得稳，中国的底盘业务一定要做好。正是因为2004年做好了，2005年以后联想业绩连续攀升，压住了竞争对手，这对并购的成功是极其重要的。

并购中的所谓文化融合，无非是谁听谁的。你做得不好，就不硬气，跟人家说什么话呢？绕这么大个圈儿，无非是说文化的重要，文化是执行力最根本的东西，也是最难形成的东西。判断联想集团作为一家跨国企业是否成功，就要看它能不能形成一个比较好的、所有员工都认可的、完整统一的文化。

通过这两个一成一败的例子我们能够看出，一个企业如果真要做大做强的话，必须得稳扎根基，不能偷工减料。基础不牢，企业这个大厦的坍塌是迟早的事。然而企业打根基又不像盖房子，房子建好了，要再打根基的话推倒重盖才行。企业不一样，只要企业认识到根基对企业发展的重要性，何时开始都不算太晚，方向永远不是固定不变的，是可以在发展中适时调整的。

这个告诫我们企业家，做企业不能心存侥幸，只有一步一个脚印，扎实根基，才能一步步成就百年基业。

第二章

核心战法（一）：构筑自己的阵地

一、没有阵地就没有实力

所谓阵地市场就是形成企业品牌框架下的集群性，即企业自身品牌已经形成了某个区域、某个人群的集群效应。

阵地市场的价值在于：它让任何想取而代之的企业必须付出3倍以上的代价，才有可能成功。而且，这样的努力即使侥幸获得了成功，也只能称之为“惨胜”。如果基地市场的销量达到第二名的1.4倍，阵地市场就进入了安全区，对手很难超越。如果阵地市场的销量达到第二名的2倍，那么就进入了让对手“望而生畏”、“高不可攀”的境界，从而“不战自退”。

一个企业的成长，不是销量的简单叠加，而是基地市场的不断扩张，慢慢形成自己的阵地。一个市场，只有真正成为阵地市场，才是有价值的市场。有价值的市场的扩张，才是企业有价值的成长。

阵地市场的意义在于给销量增加了附加值。在一个行业的成熟过程中，90%以上的企业可能被淘汰。最终幸存的企业，一定可以看到阵地市场的影子。所以，阵地市场是每个企业都绕不过去的一个坎。要想幸存，迟早要面对阵地市场。

很多企业发现，建立一个阵地市场并不困难，困难的是建立一种阵地市场的标准模式，并成功地在众多市场中复制。

所有理论都有前提，所有经验都有条件。阵地市场的成功复制同样需要前提与条件。更重要的是，这些前提与条件通常是隐藏的，在模式复制时非常容易被忽视。

我们以茶叶阵地市场的建立为前提，来看看企业建立市场阵地是如何帮助企业提高实力的。

茶叶企业本身在销售上一直处于一种所谓集群的模式，为什么是所谓呢？是因为茶叶销售一直处于关系的模式，都在相对的“关系网”下经营，建立阵地市场和集群经营是不一样的概念，像北京马连道这样的一个销售集散地，是商业集群的一种商业发展的规律，而阵地市场是企业发展规律，这是两个视角的发展方向。因此茶企业要建立、完善阵地市场也是必经之路。

那么建立和完善市场的前提是什么呢？

前提一：发现了共性的市场机会

一个企业的崛起，不是靠不计代价的投入就能完成，也不是靠跟风模仿就能实现。一个企业的崛起通常是发现了历史性的机遇，并且根据发展的机遇快速制定发展战略和战术。未来学大师奈斯比特说：“成功不是解决了问题，而是抓住了机会。”

以白酒为例，一家企业发现了城市边缘市场是一个被众多厂家忽视的机会市场，并且能够在全国范围内复制；另一家白酒企业发现“光瓶高端酒”的市场机会，并迅速形成了操作模式，从而全面复制。因此发现市场的切入点是企业定位的一个阵点。

在复制阵地市场时，有两种非常可怕的思维。一个是特殊思维：“我这个市场很特殊，与别的市场不一样。”有这个想法就很难复制异地模式，因为看不到市场的共性，总是强调特殊性，每个市场肯定不一样，但肯定有一样的地方。第二个是问题思维，只看到市场问题，看不到市场机会，申请到的费用不是用在机会上，而是浪费在解决问题上。

复制阵地模式，其实隐含着下列前提：第一，必须是共性的内容才可以复制；第二，必须是利用市场机会的模式，才能够以比较低的代价轻松复制。

战略机会是等来的，战术机会是找来的。一个想建立和复制阵地市场的企业，我们建议高层一定要亲自下市场发现机会，因为高层比中层有更多的机会思维，也有更多的资源实现机会。不要以为阵地市场复制是个可以由中层完成的战术问题，其实应该是一个高层关注的战略问题。

茶叶行业同样需要注意这个问题，共性市场不是一个单纯的问题，而是市场的定位、市场目标人群选择、经营战略等一系列的问题。比如福建清雅源以“中华礼茶”为定位，产品定位就是中高端人群，所以在建设阵地市场的时候就帮助和辅导加盟商选址，从选址的要素中制定了对“消费能力族群、消费性质族群（指消费习惯，比如团购习惯、网购习惯、消费场所习惯）、社会性质族群（国有企业、私企、外企）、生活环境族群（生活环境、人居环境等）、能力素养族群（接受茶道文化、品牌文化能力）”等有机因素进行考察的方案。

前提二：阵地模式要尽快实现“自我循环”

如果管理层发现阵地市场是一个“费用黑洞”，复制阵地的设想还有可能吗？只有有能短期内实现“自我循环”的模式，管理层才有决心异地复制。商业的目的其实是盈利，为了达到商业的目的老板有可能会在一定时间内不计成本，但是作为职业经理人要考虑投资循环使用。

一家从来没有做过专卖店的企业准备在5年内建立2000家专卖店。建第一家门店时，老板提出的要求是“不计成本，只计成功”。建第二、第三家门店时，老板提出的要求是“既计成本，又计成功”。有了前三家门店的模式试验，很快就在全国复制成功，实现了既定目标。

上述老板的思路非常清晰，第一家门店之所以可以“不计成本”，主要是想测试市场机会。市场机会与成本无关，如果没有机会，花多少钱也没用。建第二、第三家门店是想建立模式，准备复制。因为不计成本、不计代价的模式根本无法复制，只不过是“花瓶”而已。茶叶品牌很多都是靠其外贸或者产品渠道的收益发展特许经营，其实很多行业都是这样，甚至像健身行业有人说只要能坚持到上市企业一切都值得，很多的连锁企业都处于整体“亏损”状态。茶叶企业要想建立自己坚实的阵地市场，就要学会稳扎稳打。不要只是重视加盟却忘记维护的重要性。只有盘活所有加盟商市场，企业才能有出路。

很多人的幼稚在于：或者过于相信管理者“不计代价”的承诺，或者相信只要成功了，管理层就会全面复制。

有一条很重要的营销经验是，千万不能相信高层“不计代价”的承诺，因为每个承诺“不计代价”的老总，其实对代价都有心理底线，只不过底线没有亮出来而已。一家知名企业的老总曾经提出要求部下“不怕赔钱”，最后以“我虽然不怕赔钱，但想不到你们这么能赔”为由紧急刹车。

其实，无论做什么事情，所有管理者都有两个心理底线：一是时间底线；二是费用底线。市场操作人员必须在上述两个底线之前实现自我循环。

也许市场做到一定程度，费用突破了心理底线，管理层也不得不继续投入，但管理者可能会形成“下不为例”的结论，模式复制的想法其实已经关上了大门。

什么是市场的自我循环？茶企业怎样做到自我循环？其实这里的“循环”指两个层面的循环。一个是企业经营循环，就是阵地不需要公司大的前期投入，通过销量积累的毛利实现滚动式发展。一个是发展要素循环，比如茶叶品牌加盟和产品核心竞争力打造方面的循环，怎样协调资金链和研发能力的投资循环。

怎样实现市场的自我循环？

针对经营循环：市场自我循环与销量关联度不大，反而与市场结构关联度很高。比如，大卖场形成的销量就很难自我循环，因为大卖场是高投入、低利润型终端销售；而便利店和渠道形成的销量就容易实现自我循环。

针对发展要素循环：可以按照阶段性安排发展计划，比如前期发展加盟，在发展到一定程度后，预算一部分重点做产品研发。企业一定要意识到企业发展核心是靠企业的产品所派生的价值。因此不能只是一味投资而不开发产品。

在打造阵地市场时，一定要分清两类不同市场：一种是费用吸纳型市场，如大卖场；另一种是费用贡献性市场，如渠道、便利店。在打造阵地市场时，一定要照顾这两类市场的平衡。过于偏重费用吸纳型市场，可能有量无利；过于侧重渠道市场，可能有利无量。毕竟，一个阵地市场成功的标志既包括有足够的销量，也要能够实现自我循环。

前提三：阵地市场能够“速成”

所谓绝望，不一定是没有好结果，而是在视线或想象之内无法预见到好结果。商业发展需要过程，但是纵看历史你就能发现，农业革命用了2000年，工业革命用了200年，而信息革命只是用了10年，所以要研究市场的规律。

一个10年形成的阵地市场能够复制吗？通常不能。那么，8年、5年、3年形成的阵地市场呢？

多数老板没有耐心等待职业经理人或营销顾问用3年以上的时间打造阵地市场，即使他们做出这样的承诺，也不要轻信。当一笔笔钱投入市场，一批批人派向市场，而市场却总是启动无望时，原来承诺的3年投入可能半年就变卦了。

一般来说，老板考察人员，分别会有半年、1年、3年的考察期。阵地市场的形成与复制也符合这样的期待。只要说服了老板，老板通常会给出半年的“胡作非为期”，不管怎么折腾都可能给予“宽容”，但超过了这个期限就没有指望了。

准备采用阵地市场模式的企业基本上是中小企业，企业规模越小，老板对时间和投入的容忍底线越低。

当企业的经营规模越来越大时，很多企业都会去找寻所谓的突破模式，其实不要忘记所有的商业模式都只是一个方法，品牌和市场的建设需要一步一个脚印。企业要想发展，最根本的是“满足客户的需求”。所以市场建设需要阶段性，而不是盲目多元化。

前提四：操作方式能够模式化

一个好市场肯定是阵地市场，但不是所有阵地市场都可以轻松复制。凡是能够复制的阵地市场，必须是能够“复盘”的市场，即能够实现“结果倒推”，操作方式模式化。阵地市场的建设本身就是在管理上的“多元化”，即能够系统地掌握市场的要素。市场要想复制，首要的是抓住企业的“客户需求链条集群”，只有建立规模化的“需求”市场，市场才能完善。

好市场肯定有经验，但经验不等于模式。经验越好，推广成功的难度越大，因为经验通常是“聪明人的做法”，模式是“普通人的做法”。只有普通人能够做得到，才能够作为模式全面复制，因为企业的多数员工是“普通人”。

阵地市场的试点可以依靠“聪明人”，阵地市场的推广只能依靠“普通人”。“聪明人”可以随机应变，但不能指望“普通人”像“聪明人”一样。所以，阵地市场的全面推广需要模式化。所谓模式，用牛根生的话说就是“聪明人想出来，让普通人执行”的东西。

模式不是经验。经验是好的做法，模式是从市场启动到成功的操作指令、流程和标准。模式规定了在什么阶段、什么条件下的操作标准，是标准化的做法。经验是艺术化的做法。

前提五：阵地市场由厂家主导

市场主导的主体，大致可以分为经销商主导、业务员主导和厂家主导三种。

经销商主导的阵地市场难以复制，除非找到相同或相似的经销商；业务员主导的阵地市场同样难以复制，除非所有业务员都达到与该业务员相同的水平。

很多企业的阵地市场多是“孤岛”状的，就是因为它们的形成不是由厂家强势主导的，而是由经销商或业务员主导的。这类阵地市场的做法因为难以模式化，难以让普通业务员接受，所以难以复制。特别是茶叶品牌，大多都处于被动阶段，对于加盟商的管理根本上处于“不敢”管理的状态。

在现实操作中，多数企业喜欢找有实力的经销商，有实力的经销商自然很强势，很强势就不一定配合公司的统一行动。

复制阵地市场，倾向于寻找“潜力经销商”，他们更愿意配合公司的统一行动，从而确保厂家主导的市场行为得以实现。

谁来主导市场很关键。经销商主导市场，厂家是棋子，经销商是下棋人；厂家主导市场，厂家是下棋人，经销商是棋子。

“潜力经销商”既有一定的阵地，也愿意配合公司的统一行动。这是阵地市场成功的重要前提。要在阵地市场的形成过程中，把“潜力经销商”培育成实力经销商。

前提六：投入产出预算要分阶段

很多人认为老板“抠”，不是因为老板没有钱，而是他缺乏花钱的信心。

打造阵地市场，肯定要集中投入。中国企业缺乏营销财务意识，很多企业持两种极端意识：一种是赌博意识，初期表现为投入“不计代价”，后期表现为投入急刹车；另一种是小农意识，表现为市场滚动发展，靠市场自我积累发展。

阶段式的投入预算，就是把市场的成长过程分为多个阶段，确定每个阶段的阶段性投入和阶段性成果。因为阶段性成果是下一个阶段投入的信心。

前提七：厂家资源投入带动社会资源投入

厂家资源是有限的，社会资源是无限的。要通过有限的厂家资源投入，带动无限的社会资源跟进。

阵地模式的发展是真正能带动加盟商和经销商的途径。品牌可以先和部分有意向的经销商合作，做点的推广，只有让加盟商看到效果，他们才愿意配合公司。

前提八：人力导向优先于资金导向

以往，有过资金导向高密度工作成功的先例，比如大规模的广告投入、大力度的终端“买断”。这样的做法短期内能成功，但由于资金导向的工作会产生“资金依赖症”，资金投入一旦停止，市场就会快速倒退。现在，阵地市场的成功更多地要依赖人力导向的工作，即“人海战术”比“钱海战术”更有效。

建一个阵地市场容易，复制却很困难。困难在于要找到共性的模式和路径。有些阵地市场由于太有个性，所以复制极为困难。主要有三种情况：

第一，总部阵地市场难以复制

在总部周边形成的阵地市场，有很多得天独厚的资源优势和地缘优势，比如政府支持、高层关怀、产品本地化、小规模长期投入、市场熟悉、配送优势、高密集低成本的营销队伍支持、长年的品牌积累、本地消费者的情感支持等，这些因素多数无法异地移植，因而，在所有阵地市场中，总部阵地是最难复制的。

很多中小企业在总部周边市场做得很好，就是难以走出去，实际上与总部阵地市场难以复制有关。

茶叶品牌要做到成功复制阵地市场，就要在重视加盟的同时更重视直营的盘活，对于加盟店不能只是“骗到手就不管了”的模式。要做到真正给加盟商以支持，这才能让加盟商看到总部阵地的力度。

第二，自然形成的阵地市场难以复制

自然形成的阵地市场往往是“无心插柳”的结果，在厂家没有控制的情况下形成了阵地市场。在自然形成过程中，有很多偶然因素的影响。因为是非控制性的成功，所以人们关心它仅仅是因为结果很好，而很多成功的因素并没有被关注。即使总结经验，往往也是以偏概全，所以，距离大面积推广还很远。

第三，不计代价建立的阵地市场难以复制

企业能够在单个市场“不计代价”，难道可以在所有市场“不计代价”？为什么很多企业的“样板市场”、“标杆市场”成为“绝板市场”，正是因为这些市场“不计代价”，让很多人望而生畏。

企业要建立完善的阵地市场，是企业未来要挑战的重要事项，这个过程需要循序渐近，但同样要快速地上升到企业战略的高度。

二、占领阵地的关键步骤——渠道策略

营销渠道策略是整个营销系统的重要组成部分，它对降低企业成本和提高企业竞争力具有重要意义，是企业营销中的重中之重。

企业营销渠道的选择将直接影响到其他的营销决策，如产品的定价。它同产品策略、价格策略、促销策略一样，也是企业是否能够成功开拓市场、实现销售及经营目标的重要手段。

营销渠道策略主要可以分为：直接渠道或间接渠道的营销策略、长渠道或短渠道的营销策略、宽渠道或窄渠道的营销策略、单一营销渠道和多营销渠道策略、传统营销渠道和垂直营销渠道策略。

21世纪开始强调关系营销。美国学者舒尔茨提出了新的“4Rs营销组合”理论，即市场营销应包含以下四个要素：关联、反应、关系和回报。在渠道策略方面强调关系营销，强调厂商应当与顾客建立长期、稳定且密切的关系，降低顾客流失率，建立顾客数据库，开展数据库营销，从而降低营销费用。

现在的市场经济中，商业合作伙伴之间强调合作、双赢；而在厂商与顾客之间，也是如此。留住一个老顾客的成本只是开发一个新客户的1/5,而且一个满意的老顾客往往会带来更多的新顾客，口碑广告是最有效的广告之一。现代信息管理技术的进步，为厂商与顾客建立长期、稳定且密切的关系创造了技术条件，使厂商能够更快、更准地找到老客户。渠道的目的就是为了使厂商与客户建立联系，从而实现商品的流通。从这个意义上说，强调关系营销的渠道战略开始回归营销渠道的核心和本义。下面我来看些案例，来分析下渠道策论在企业营销中作用。

中石化的销售渠道重组

中石化是中国最大的一体化能源化工公司，它是中国最大的石油产品和主要石化产品生产商和供应商，也是第二大原油生产商。中石化参照国际模式，构筑了公司的架构，建立了规范的法人治理结构，实行集中决策、分级管理和专业化经营的事业部制管理体制。中石化现有全资子公司、控股和参股子公司、分公司等共八十余家，包括石油企业、炼油及化工企业、销售企业及科研、外贸等单位，其生产资产和主要市场集中在中国经济最发达、最活跃的东部、南部和中部地区。

1998年之后，中石化销售公司旗下共有29家省级石油公司，其中22家是分驻长城以南各省、负责当地市场开拓和成品油供应的销售公司，7家是作为中国石化销售公司派出机构，负责资源调配，与炼油厂沟通结算的大区公司。这22家销售公司是中央政府为做大做强民族石油工业、实现两大石油集团“上中下游一体化”的战略部署，从各地整建制划入中国石化的。由于历史原因，上划前的销售公司存在人员包袱重、管理环节多、运营效率低、销售网点少、市场调控能力弱等问题；上划后，各销售公司依靠中石化的巨额资金投入和国家给予的加油站建设权、特许经营权、允许中石油中石化两大集团对社会批发经营单位实行资产重组等优惠政策，进行了大规模的扩张，使其销售网点大幅度增加、市场调控能力也得到一定提升。

1999年以来，中石化为增强市场调控能力，在新建、改建、收购加油站方面累计投入资金400多亿元，其销售网点增加到28000余个，初步建成了覆盖长城以南各省的加油站零售网络，为提高市场调控能力、改善销售结构夯实了基础。如广东石油分公司，2000年以前只有加油站651座，网点占有率仅13.6%；自2000年以来，该公司累计投入资金59.6亿元，新增加油站1430座，网点占有率提升到42.1%。

但是，中石化各销售公司大规模扩张的背后，弊病也是不容忽视的。首先，下属的地市级分公司被赋予过多管理职能，甚至县经营部作为地市公司的派出机构也在管理市场，从而造成管理层次过多、市场反应缓慢的弊病；其次，由于这些公司都是以行政区划为基础设立的，油品配送经常会出现流向冲突的不经济行为，这成为中石化销售公司运营成本居高不下的重要原因。

销售网点大幅度增加使中石化的企业利润上升，更能为中石化旗下的油田企业、炼油厂、化工厂的发展创造有利的市场条件。然而，仅仅依靠增加销售网点数量来实现销量增长的外延型发展战略，并没有从根本上提高企业的竞争力。只有从增加销售网点数量的粗放型增长方式，转变为提高单位网点销售业绩的集约型增长方式，提高运营效率、降低运营成本，才能使企业从容应对入世后日益加剧的市场竞争。

我国入世时承诺：2004年底开放国内成品油零售市场，2007年以前开放国内成品油批发市场；与此同时，中石油、中石化的成品油销售企业——各地石油公司也将失去国家给予的保护性优惠政策。

面对此形势，2004年3月中石化参照国际通行做法，从改革销售管理体制入手进行渠道的大变革。中心是实行专业化管理和区域公司重组；在管理层次上，将原来的多级管理变为两级管理。

跨国石油巨头在油品营销管理上通行的做法是以成品油中心库为圆心，划定相应的配送半径，以此为基础成立基本管理单位，它的管辖地域是以油品配送成本最低为原则划定的，不受行政区划的限制。基本管理单位下设片区经理，片区经理管理临近的几个加油站，加油站设站长。这种管理模式不但可以降低运营成本，而且效率很高，可以针对随时变化的市场及时做出反应。

中石化销售渠道重组的总体思路就是按照“区域化、专业化、扁平化”的原则，以优化物流配送和强化成品油市场营销为重点，充分利用现代高科技技术，对物流、零售、直销实行专业化管理，建成“管理层次扁平、业务专业垂直、岗位权责明确、市场反应灵活”的新型经营管理体制。

在管理层次上，由原来的多级管理逐步减少为总部对区域资源配送和市场营销的两级管理；在运行模式上，实行资源配送和市场营销两条线运行。在资源配送这条线中，按照区域经济流向，建立区域配送中心，实行资源统一运作、设施统一管理、物流统一优化、配送统一组织，进一步降低成本，提高盈利空间，增强市场竞争力；在市场营销这条线中，按照专业化分工，零售实行零售管理中心——片区经理——ME——加油站的专业垂直管理，直销实行商业客户中心——客户经理——客户的专业垂直管理，加强市场营销，适应外部市场变化需要。

在实施步骤上，云南石油分公司和广东石油分公司作为先期试点单位的样板，首先进行管理体制改革，即在这两个公司内部建立省级物流中心，由它对全省范围的物流实行统一管理和运作，实现物流与商流的分离；同时选择部分地市公司进行跨区域重组，并在区域公司内按照零售中心、商业客户中心、结算中心三条线向下垂直管理到经营网点，撤销县经营部。通过此次改革，省级销售公司的管理职能得到空前强化，与之相对应的是地市级公司则更多地被赋予冲锋陷阵、开拓市场、提高销量的重任。省级公司一方面可以通过专业化业务中心强化其决策中心的地位，使公司的决策更加快速准确到位；另一方面又可以通过省级物流中心合理规划油品流向，即由省级公司物流配送中心安排向加油站、大客户的油品运输供应的调度。它以油库为中心，并制定合理的配送半径，避免造成不必要的损耗。而地市级公司各业务部门只需专注于目标市场的开拓和相应的市场管理工作，通过专业化的分工和区域公司重组，实现了责权分明、贴近市场的目的。

安利在中国的渠道转型

创立于1959年的美国安利公司，是世界知名的日用消费品生产商及销售商，业务遍及五大洲80多个国家和地区，以安利为商标的产品共有5大系列、400余种，全球员工超过1.2万人，营销人员超过300万人。2002年，安利在全美500家最大私营企业中排名第27位；50大家居与个人用品制造企业排名第4位；公司总资产达380亿美元；在安利45年的持续增长过程中，从未向银行贷款，保持“无借款经营”的纪录。由于安利公司的两位创始人狄维士和温安洛都是推销员出身，所以近50年来直销一直被安利公司看作是最有效的营销方式，然而，当安利兴冲冲地将这种营销模式导入中国的时候，他们却遇到了前所未有的尴尬。

1995年，安利正式落户中国，他们在广州投资1亿美元建成了安利在海外唯一的现代化日用消费品生产基地，欲在中国掀起一场安利的直销风暴。可是很快国内形形色色打着直销旗号的传销诈骗活动搅乱了安利的市场前景。1998年4月，国务院

《关于禁止传销经营活动的通知》出台，对传销（包括直销）活动加以全面禁止。对于安利来说，1998年无疑是它在中国的一个分水岭，随着这年4月在中国的业务被禁，安利开始在中国寻求新的生存方式。1998年6月18日，国家工商局颁发《关于外商投资传销企业转变销售方式有关问题的通知》，准许部分外资传销企业转为店铺经营，并可以雇佣推销员。1998年7月经批准，安利（中国）日用品有限公司正式采用新的营销方式，由直销改为“店铺＋雇佣推销员”的经营模式。自此，安利40多年来在全球80多个国家和地区均通过直销员销售产品的传统被彻底打破。转型后的安利把原来分布在全国的20多个分公司改造成为第一批店铺，以后又陆续对这些店铺进行扩充。所有产品明码标价，消费者可以直接到专卖店中自行选购，杜绝推销员自行定价带来的问题。新的经营模式给消费者带来了新的选择，同时也让安利做出了新的尝试，突破原有的直销模式，多种销售方式并举，对于融入中国国情的安利来说也是一种挑战。

“店铺＋雇佣推销员”模式是安利在中国渠道转型的最主要内容。安利公司创办人之一狄维士针对这一转型直言：“这是安利41年来前所未有的革命！”总裁黄德荫将“店铺＋雇佣推销员”渠道模式的优势总结为下列三个方面：

保证了产品质量：通过直销模式，安利的消费者基本上不会遇到假冒伪劣的产品；

提供了很好的销售渠道：店铺既是公司形象的代表，又为营销人员提供后勤服务，还直接面对普通消费者，消费者和政府都因为店铺的存在而更加放心。

这种模式可直接受益于安利（中国）积极的市场推广手法。安达高公司执行副总裁这样总结安利的变革："到目前为止，这种经营方式非常有效。其一，自设店铺提高了公司透明度，让消费者有一个自愿选货、进货和成为优惠顾客的机会；其二，安利目前在全国120家店铺的所有产品都明码标价，公开的价格避免了哄抬价格的可能。此外，营业代表的推销弥补了销售网点的不足，提升了服务质素，让消费者享受到更直接、更亲切的售前、售后服务。"

"店铺＋雇佣推销员"的新型渠道成功地推进了安利在中国的转型进程，而与此同时，安利对员工的管理整顿也在加紧进行。从2002年1月开始，安利（中国）公司停止了新营业代表的加入，并对现有人员进行培训和全面的整顿，所有营销人员都是安利的合约雇员，这就意味着安利必须承担每一位推销员的职务行为所引起的法律责任。在对推销员的管理方面，安利进一步加大了透明度，制定了一系列精确的制度，并且十分严格地加以实施。从2002年1月至今，安利（中国）已清除了近600名身份为公务员、军人或学生等不符合从业规定的销售人员。它的推销队伍从2001年初的13万锐减至7万人。同时，安利（中国）还加强了对营销队伍的管理，通过培训和严格的奖惩制度来规范其推销员的行为。2002—2003财政年度，安利（中国）共查处各类违规行为1649起，处分营销人员2317人。

安利的渠道转型为其带来了巨大的市场收益。公司财务报告显示，在2002—2003财政年度（2002年9月至2003年8月）中，安利（中国）的销售额已超过10亿美元，在公司49亿美元的全球销售额中占据二成。2003年8月，安利公司在大中华区的销售业绩已超过美洲地区，中国成为安利全球营业额最大的市场。正如安达高公司执行副总裁所说："我们重视中国市场，我们尊重中国国情，我们遵守中国的规则，因此我们改变自己的经营模式来适应中国，做这一切的结果是：我们赢得了中国市场。"总裁黄德荫说："经过短短9年的发展，中国已经超过拥有45年历史的美国市场，成为安利在全球的最大市场。安利（中国）的成功充分说明了规范经营的直销企业，在快速发展的中国市场上的广泛空间。"在2002年翰威特咨询公司和《亚洲华尔街日报》《远东经济评论》联合发布的"2001年亚洲最佳雇主评选"中，安利（中国）名列榜中。在《财富》（中国版）评出的"2002年最受赞赏的50家外商投资企业"中，安利（中国）也榜上有名。根据独立市场调查公司于2004年初进行的一项调查，安利（中国）的知名度和美誉度分别达到了93%和75%。

飞利浦和TCL的渠道合作

飞利浦电子是世界上最大的电子公司之一，2003年的销售额达290亿欧元，在医疗诊断影像和病人监护仪、彩色电视、电动剃须刀、照明以及硅系统解决方案领域世界领先。飞利浦拥有166,800名员工，在60多个国家里活跃在医疗保健、时尚生活和核心技术三大领域。飞利浦早在1920年就进入了中国市场，从1985年设立第一家合资企业起，飞利浦就秉承扎根中国的长期承诺，将照明、消费电子、家庭小电器、半导体和医疗系统等五大业务全部带到了中国，将世界领先的技术、产品和服务同步带到了中国市场。目前，飞利浦已成为中国电子行业最大的投资合作伙伴之一，累计投资总额超过34亿美元，在中国建立了35家合资及独资企业，在全国设有60多个办事处，共有2万多名员工。2003年公司在华营业额达到75亿美元，国际采购额达到38.3亿美元。

飞利浦在中国的渠道模式经历了很长的一段辗转之路。1997年之前，飞利浦在华南市场一直是采取直接建设、掌控主流渠道、再向终端铺货的方式，年销售额始终徘徊在700万元左右。出于在国外飞利浦代理制的普及和普遍成功，从1997年底开始，飞利浦决定在华南市场实行区域总代理制。

1997年-1999年，由于飞利浦充分给予代理公司优惠的代理政策，使飞利浦的代理区域的销售直线上升，销售额也连年翻倍，1999年达到2.3亿元，飞利浦“两广”市场占有率一路上升至10%。这一阶段总代理制为飞利浦取得了丰硕的业绩，应该说是一个双赢的阶段。

但随着国内彩电市场竞争加剧，整体价格大幅下滑，飞利浦的盈利开始回落。2001年，飞利浦开始酝酿渠道收复、产品升级行动，其目的就是欲以低点毛利要挟代理商，降低渠道成本，增进零售价格竞争力。

2002年，飞利浦更换代理商，由双方共同出面来管理市场，然而，作为外资企业，飞利浦的人员成本和市场管理成本居高不下，仍然无法扭转微利的局面。最终，飞利浦决定将华南7省区域渠道代理委托TCL。2003年8月，飞利浦电子公司与TCL集团宣布，两大品牌公司将在中国5个省市的市场进行彩电销售渠道的合作。这意味着，飞利浦彩电将搭乘TCL的销售网络，进一步实现覆盖中低端的二级市场的目标。

2004年初，飞利浦设在广州的视听产品华南办事机构正式解散，飞利浦华南7省彩电销售业务彻底转交国内彩电巨头TCL公司代理。飞利浦由此前的厂商共同管理渠道变成由TCL独立进行渠道和销售管理，双方更广泛和更深入的渠道合作正在展开。

一直对飞利浦在华南渠道管理进行跟踪研究的广州终极营销顾问有限公司张德华在接受《财经时报》专访时认为：飞利浦的致命伤是速度。频繁更换渠道机制，代理商的替换速度太快，使得渠道因素引发了市场的动荡不安；另一方面，品牌、技术升级的执行速度过慢，升级速度跟不上渠道和市场的自然提升速度，造成“猛牛拉破车”的不利后果；最终，渠道执行力的短板，让飞利浦陷入了华南渠道困局。飞利浦和TCL这场联姻被广为关注的原因还在于，这是继海尔与三洋、TCL与松下、海信与住友之后，国内家电企业又一次与跨国公司达成销售渠道上的合作。对飞利浦来说，这是它经历多次渠道烦恼后的重新抉择，至于结果能否长久，仍然难下结论。毕竟双方将各自的同类产品都放在这个渠道中，TCL同时也还有与其他厂家的合作，如何解决同质化产品的同台竞争局面，恐怕也是考验双方的难题。

中国实战营销策划的著名人士认为：像飞利浦这样的跨国企业在中国出现的渠道“短板”，与其对中国市场竞争环境的水土不服有关。人们总是很“迷信”跨国公司，实际上在面对中国这样一个特殊环境的市场时，跨国公司也并不太会“玩”，因为他们熟悉和擅长的，是在一个已经成熟化的市场中进行运作，而中国市场并不成熟。从上世纪90年代开始直到现在，中国市场仍然是处在一种满足需求的阶段，基本上需求是不用拉动的。这个阶段的特点就是销售力要大于市场力，也就是说，渠道的作用可能会大于市场推广的作用。满足市场需求主要是依靠渠道，因此，需求越大，渠道的优势也就越大。虽然在一些大城市可能会出现某类商品的饱和，但在中国广大的中小城市和农村市场中，需求仍然旺盛。加之中国地域宽广、差异大，文化也呈区域化特点，以及消费者对需求方式的融合，这些都对跨国企业形成了巨大的挑战。2003年松下的董事长在中国市场的营销策略上讲了一句话，大意是：下雨了，我们也要打伞。这说明一些跨国企业已经意识到，必须根据中国市场的特殊环境，做相应的营销策略的改变。

专家还指出：站在市场的角度说，飞利浦“借用”TCL的渠道的利弊在短期内看不出来，很难说“借用渠道”是否就更容易取得市场的成功。在这种市场氛围之下，只注重渠道建设，而忽略其他，只会维持短暂的市场成功。当市场进一步成熟、消费者对品牌以及个性化产品的需求上升时，渠道的优势就会被削弱。因此，目前渠道得势的状态只是由中国消费市场长期需求旺盛的惯性引发的，未来的竞争究竟是不是“渠道为王”，还要依赖于市场的变化来决定。但过分依赖渠道将会导致生产企业在未来市场竞争中处于被动，以家电市场为例，短短数年中，渠道已经形成一股强大的独立势力，在进一步的扩张中，渠道企业就把生产企业控制了，以至于某渠道企业要封杀某品牌之类的新闻时常见诸媒体。正常的市场营销无疑是生产企业考核经销商、考核渠道，而在中国的家电市场中，已经变成了渠道成员考核生产企业。家电企业在现实的无奈中，也在担心哪一天会被渠道给“玩”死。另外，一件商品的价值应该是由产品价值加上品牌价值构成的，而在渠道控制市场的情形之下，品牌价值被搁置，各厂家都在拼价格。长此以往，生产企业将失去未来发展的潜力。因此，已有不少国内生产企业开始自建渠道，比如格力的联合经销体。但如果没有实力的生产企业与渠道决裂，就意味着毁灭，历史上长虹、康佳都曾因渠道问题而产生阵痛。

从以上这些案例中我们可以看出，渠道策略在企业营销过程中的重要性，营销是水，渠道是渠，重视渠道策略才能把营销之水做成活水！

三、差异化战略帮企业找到自己的阵地

差异化战略是将公司提供的产品或服务差异化，形成一些在全产业范围中具有独特性的东西。

差异化战略最理想的情况是公司使自己在几个方面都差异化。例如：卡特皮勒推土机公司不仅以其经销网络和优良的零配件供应服务著称，而且以其极为优质耐用的产品享有盛誉，所有这些对于大型设备都至关重要，因为大型设备使用时发生故障的代价是昂贵的。应当强调，差异化战略并不意味着公司可以忽略成本，只是此时成本不是公司的首要战略目标而已。

如果差异化战略成功地实施了，它就成为在一个能在产业中赢得高水平收益的积极战略，因为它建立起防御阵地对付五种竞争力量，虽然其防御的形式与成本领先有所不同。推行差异化战略有时会与争取占有更大的市场份额的活动相矛盾，它往往要求公司对于这一战略的排它性有思想准备，因为这一战略与提高市场份额两者不可兼顾。在建立公司的差异化战略的

活动中总是伴随着很高的成本代价，有时即便全产业范围的顾客都了解公司的独特优点，也并不是所有顾客都愿意或有能力支付公司要求的高价格。

产品差异化带来较高的收益，可以用来对付供方压力。同时可以缓解买方压力，当客户缺乏选择余地时其价格敏感性也就不高。最后，采取差异化战略而赢得顾客忠诚的公司，在面对替代品威胁时，其所处地位比其他竞争对手也更为有利。

差异化战略类型

1．产品差异化战略。

产品差异化的主要因素有：特征、工作性能、一致性、耐用性、可靠性、易修理性、式样和设计。

2．服务差异化战略。

服务的差异化主要包括送货、安装、顾客培训、咨询服务等因素。

3．人事差异化战略。

训练有素的员工应能体现出下面的六个特征：胜任、礼貌、可信、可靠、反应敏捷、善于交流。

4．形象差异化战略。

差异化战略的适用条件与组织要求

外部条件

1．可以有很多途径创造企业与竞争对手产品之间的差异，并且这种差异被顾客认为是有价值的；

2．顾客对产品的需求和使用要求是多种多样的，即顾客需求是有差异的；

3．采用类似差异化途径的竞争对手很少，即真正能够保证企业是“差异化”的；

4．技术变革很快，市场上的竞争主要集中在不断地推出新产品上。

内部条件

除上述外部条件之外，企业实施差异化战略还必须具备如下内部条件：

1．具有很强的研究开发能力，研究人员要有创造性的眼光；

2．企业具有以其产品质量或技术领先的声望；

3．企业在这一行业有悠久的历史或吸取了其他企业的技能并自成一体；

4．很强的市场营销能力；

5．研究与开发、产品开发以及市场营销等职能部门之间要具有很强的协调性；

6．企业要具备能吸引高级研究人员、创造性人才和高技能职员的物质设施；

7．各种销售渠道强有力的合作。

实施差异化战略的意义就在于，建立起顾客对企业的忠诚、形成强有力的产业进入障碍、增强了企业对供应商讨价还价的能力。这主要是由于差异化战略提高了企业的边际收益，削弱了购买商讨价还价的能力。企业通过差异化战略，使得购买商缺乏与之可比较的产品选择，降低了购买商对价格的敏感度。另一方面，通过产品差异化使购买商具有较高的转换成本，使其依赖于企业。由于差异化战略使企业建立起顾客的忠诚，所以这使得替代品无法在性能上与之竞争。

差异化战略的收益与风险

1. 可能丧失部分客户。如果采用成本领先战略的竞争对手压低产品价格，使其与实行差异化战略的厂家的产品价格差距拉得很大，在这种情况下，用户为了大量节省费用，会放弃取得差异的厂家所拥有的产品特征、服务或形象，转而选择物美价廉的产品；

2. 用户所需的产品差异的因素下降。当用户变得越来越老练，并对产品的特征和差别体会不明显时，就可能发生忽略差异的情况；

3. 大量的模仿缩小了能感觉得到的差异。特别是当产品发展到成熟期时，拥有技术实力的厂家很容易通过逼真的模仿，减少产品之间的差异；

4. 过度差异化。

竞争就是“差异化”

成功运用差异化战略，离不开核心能力基础，海尔的差异化战略就建立在此基础上。从海尔成长历程看，其差异化战略的实施，主要经历了以下3个阶段。

1．品牌战略阶段

在1984年到1991年实施品牌战略期间，别的企业上产量，而海尔扑下身子抓质量。此战略在海尔创立之初即以张瑞敏砸冰箱的戏剧化举动宣告推出。这在当时家电产品尚需凭票购买的卖方市场时代，无疑是一个极具超前意识的经营理念。

此后的六七年间，海尔完善了生产过程的全面质量管理，同时在销售方面推出星级服务的概念，在消费者心目中树立起质量超群的国产品牌形象。另一方面，海尔在早期就是一家极为重视顾客需求的企业，在计划经济向市场调节转轨的年代即完成了市场导向的定位。这种市场或顾客导向的经营路线在海尔的产品改进和新产品开发方面表现得尤为显著。

海尔在实践中，形成一套以人本主义为核心的企业文化。当然，这种文化是以企业管理者或经理人对生产过程和企业员工的权威为前提的，市场化的用工制度、赏罚分明的激励和约束以及各种严格的规章制度都是此种文化的必要条件或组成部分。在此基础上，海尔在上世纪90年代初提出了OEC工作法，即全方位全过程地控制和清理。它由三个体系构成：目标体系（首先确立目标）、日清体系（日清是完成目标的基础工作）、激励机制（日清的结果必须与正负激励挂钩才有效），它的中文表述则为“日事日毕，日清日高”。

至此，海尔以其全面质量管理或OEC工作法、以星级服务为特色的营销方式和顾客导向的产品改进与开发，三位一体形成了一个高效率、高品质的经营管理体系。以这样一个运营系统为基础，并配合以“真诚到永远”一类的广告宣传，品牌的创立和提升是水到渠成的事。更重要的是，此种运营系统构成了海尔当时企业知识的主要基础或核心能力的基本平台，并在国内企业中处于领先位置。依托这样一个平台，海尔开展了以产品多元化和品牌扩张为中心的第二阶段成长。

2．多元化战略阶段

1991年海尔兼并青岛空调器厂和电冷柜总厂，标志着大规模多元化进程的开始，并持续到1998年。

90年代初，海尔集团年利润不过3000多万元。因此其发展必须采取低成本扩张的方式。海尔从本地政府和武汉、广东等外地政府手上以低廉的代价接管了多家亏损企业，并依托这些企业建立了空调、洗衣机和彩电等新事业。由于海尔此前已建立起具有国内领先水平的强有力的企业能力平台，故往往只需派出少量的经理人员将这套行之有效的企业管理制度或“惯例”植入接管企业，同时转移部分必须由海尔人亲身传授的“默会知识”，即可实现对这些落后企业脱胎换骨式的改造。这就是海尔激活“休克鱼”方法的精髓所在。

由于拥有水平明显高于大多数国内企业的管理能力平台，并善于将其植入被兼并的企业，同时借助公司上市募集的资金在海尔工业园新建了一批企业，海尔在90年代将自己扩展为一个横跨白色家电、黑色家电、米色家电（PC等）、各种小家电以及制药、生物工程、金融服务等领域的多部门公司。

在此期间，海尔在质量控制和生产过程管理中大量采用国际标准。海尔冰箱早在1991年即率先通过了ISO9001认证，其后又通过了ISO14001环保认证，其它产品在90年代中期也先后通过了ISO9001认证。海尔还通过设在世界各地的10个信息中心广泛搜集各种有关产品安全、能耗、环境等方面的先进标准和技术规范，然后拿回来采用，其执着几乎达到了狂热的程度。先进标准的采用，使海尔产品的质量、可靠性及先进性达到了一个新的高度。

海尔的此种做法显然是一种极有效的学习方式，并为其产品的出口和更深层次的国际化创造了先决条件。在此期间，海尔为适应其多产品的产业格局，在组织结构上完成了事业部体制的改造，形成了成本中心、利润中心和资源调度中心的三级架构。

1984年，海尔只有一个型号的冰箱产品，目前已拥有包括白色家电、黑色家电、米色家电等在内的86大门类13000多个规格品种的产品群。在中国的大中城市里，许多家庭都是海尔产品的用户。

3．国际化战略阶段

90年代后期，海尔开始了第三阶段，即通过国际化创建全球品牌的进程。到2000年，海尔的出口额达2.8亿美元，不但在中国家电业独占鳌头，而且领先第二名近1倍。海尔国际化的目标是实现内销、出口和海外生产“三个三分之一”，为此积极开展资本和技术输出，在海外建立制造和销售基地。目前，海尔在国外已设立10余家工厂，为绕过贸易壁垒，其布局基本上按世界各大自由贸易区或经济联盟设置。海尔的海外经营单位均实行本地化管理，以适应当地消费者的特定需要，并吸收本地人才加盟。与此同时，海尔还在美、日等技术先进的国家设立了研发和设计中心，并通过与多家跨国公司的联合研发，学习并利用国际技术资源。

国际化也对企业的运营能力带来新的挑战。顾客的需求更加多样化，也更为挑剔；全球采购和销售则对企业的信息和货物的处理能力提出更高的要求。在这种形势下，以面向内需为主的原有运营体系已不敷所用。为此，海尔开展了其能力平台的再次升级，即以流程再造为手段，以ERP、CRM、电子商务等信息技术为基础，建立以现代仓储和配送为骨架的物流管理系统，以实现整个企业采购、制造和销售配送的即时化以及产品制造与开发的进一步个性化。其最终目标是建立企业对市场的快速反应能力，把整个运营的主要注意力集中于市场层面，而非企业内部。由于此种系统是由客户订单驱动的，可大量节约营运资金的占用，提高整个系统现金流的产出，所以可以成为一种提高投资回报率、创造企业价值的有力手段。在制造过程中，海尔引进了柔性制造系统，将其几十大类产品分解为数万个模块，同时在销售上引进B-B-C的方式，实现由商家（及最终顾客）设计、厂家制造。至此，一种以大规模定制为特征的生产方式呼之欲出。

2002年1月8日，在海尔的国际化发展历程中，是一个载入史册的日子——海尔与日本三洋公司的合作，使世界为之一振。竞合是21世纪企业国际化战略的趋势，因而，海尔三洋的合作引起了巨大的共鸣。

如今海尔正在做的就是美国、欧盟MBA案例库的一个案例“市场链”，内部员工相互之间的关系不再是完全上下级关系和同事关系，而变成市场关系。每个人都对着市场，每个人只对他的市场目标负责，每个人的收入只和业绩挂钩，也就是彻底的绩效主义。海尔集团有3万多人，过去集团只有一张财务报表、一张资产负债表、一张损益表、一张现金流量表，现在变成3万多张，每个人1张。这意味着每个人必须把自己变成一个主体，你对着的不是你的上级、不是你的同事，而是市场。

海尔“市场链”理论受启发于波特教授的“价值链”理论。虽然两者都以企业流程再造为实现形式，但两者又有本质的不同。价值链是以边际效益最大化为目标的，而市场链则以顾客满意度最大化为目标。传统经济体制下，企业决定市场，所以要讲价值链；在新经济条件下，用户决定企业，所以必须谈市场链。海尔实施“市场链”的最终目标，是要使企业的每一个人都成为一个SBU（策略事业单位，即自主创新的主体），也就是要把外部竞争的压力传递给企业的每一个员工，同时为他们提供个性化的创新空间，使每一个人都能成为自主创新的主体。美国沃顿商学院一位教授对此的评价是：如果海尔真正做到这一点，在世界上也将是独一无二的，而且无往而不胜。

随着国际贸易的扩大和发展，标准化已经成为国际市场竞争的重要工具，依靠先进标准进行商业竞争已成为国际贸易的新动向。要应对新变化，突破非关税贸易壁垒，首先要在标准化上与国际接轨。2002年3月13日，海尔集团与德国莱茵公司、美国保险商实验室公司和英国依梯埃-塞密柯技术有限公司成立了国内首家国际认证合作室，这是海尔扫除贸易壁垒的“空降部队”。通过这个认证合作室，海尔将国际认证公司最前端的信息和技术直接引用到内部的开发和设计中，从而更加深入、直接地了解国际发达国家的技术要求和贸易壁垒，使产品设计能够满足出口国家的要求，在竞争中把握先机。

综合分析海尔差异化战略演变的历程及阶段，可以发现一种重要的匹配关系，即企业战略与能力之间的配合。按照20世纪90年代以来的企业管理观，结构的重要性已有所降低，核心能力或企业所掌握的知识基础（包括流程与行为及更多的内容）则被认为是与战略真正相关的因素。海尔的经历可视为此种观点的一个恰当证明：一种战略的导入对企业的相关能力提出了基本的要求，而企业核心能力的建立和发展则为战略的展开提供了必要的支撑，并为下一阶段的战略推进创造了部分条件。由此反复进行，构成一个阶梯式上升且不断放大的平台体系。

但是，能力平台的整体提升不是渐进式的，而是一种间断型的跃迁，其周期大约是“每隔七八年来一次”。在此期间，海尔将面临业内其他企业的强烈追赶。总之，海尔一直赖以取得成功的领先优势相对于其他优秀企业而言已日趋缩小，两者之间的差距也许只有一步之遥。在这种形势下，海尔如果想要继续其产品、服务差异化的路线，就必须寻求建立新的竞争优势及能力基础。

四、营销，最终靠实力占领阵地

企业要想在风云变幻的市场中取得自己的一席之地，优秀的营销策略最终还是要靠企业的实力取得胜利。格力离开国美，成就自己的市场地位靠的也是实力；蒙牛成功利用航天品牌赢得市场中的霸主地位靠的也是实力。由此可见，企业在注意营销策略营销手段的同时，最根本的还是注重自身的实力。

格力空调：离开国美，走自己的路

珠海格力集团公司是珠海市目前规模最人、实力最强的企业之一。集团拥有的“格力”“罗西尼”两大品牌于1999年1月和2004年2月被国家工商局认定为中国驰名商标。2003年，格力集团共实现营业收入198.42亿元，位列中国企业500强第88名。集团下属的珠海格力电器股份有限公司是中国目前生产规模最大的空调生产基地，现有固定资产7.6亿元，拥有年产空调器250万台（套）的能力。经过多年的发展，格力空调已奠定了国内空调市场的领导者地位的基础，格力品牌在消费者中享有较高的声誉。

据国家轻工业局、央视调查中心的统计数据显示，从1996年起，格力空调连续数年产销量、市场占有率均居行业第一。现在，格力空调产品覆盖全国并远销世界100多个国家和地区。

多年以来，格力空调一直采取的是厂家——经销商/代理商——零售商的渠道策略，并在这种渠道模式下取得了较高的市场占有率。然而近年来，一批优秀的渠道商经过多年发展，已经成长为市场上一支非常重要的力量。其中尤以北京国美、山东三联、南京苏宁为代表的大型专业家电连锁企业的表现最为抢眼。这些超级终端浮出水面，甚至公开和制造企业“叫板”。自2000年以来，这些大型专业连锁企业开始在全国各大中城市攻城掠地，在整个家电市场中的销量份额大幅度提高，其地位也直线上升。

2004年，成都国美为启动淡季空调市场，在相关媒体上刊发广告，把格力两款畅销空调的价格大幅度下降，零售价原为1680元的1P挂机被降为1000元，零售价原为3650元的2P柜机被降为2650元。格力认为国美电器在未经自己同意的情况下擅自降低了格力空调的价格，破坏了格力空调在市场中长期稳定、统一的价格体系，导致其他众多经销商的强烈不满，并有损于其一线品牌的良好形象，因此要求国美立即终止低价销售行为。格力在交涉未果后，决定正式停止向国美供货，并要求国美电器给个说法。“格力拒供国美”事件传出，不由让人联想起2003年7月份发生在南京家乐福的春兰空调大幅降价事件，二者如出一辙，都是商家擅自将厂家的产品进行“低价倾销”，引起厂家的抗议。

2004年第一季度，四川格力开始将产品全线撤出成都国美

6大卖场。四川格力表示，这是一次全国统一行动，格力在全国有20多家销售分公司，其中有5家公司与国美有合作，产品直接在国美销售。3月11日，国美北京总部向全国分公司下达通知，要求各门店清理格力空调库存。通知称，格力代理商模式、价格等已经不能满足国美的市场经营需求，要求国美各地分公司做好将格力空调撤场的准备。

面对国美的“封杀令”，格力的态度并没有退让。格力空调北京销售公司副总经理表示：“国美不是格力的关键渠道，格力在北京有400多个专卖性质的分销点，他们才是核心。谁抛弃谁，消费者说了算。”格力空调珠海总部新闻发言人表示，在渠道策略上，格力不会随大流。格力空调连续数年全国销量第一，渠道模式好与坏，市场是最好的检验。格力电器公司总经理表示，格力只与国美的少数分店有合作，此事对格力空调的销售几乎没有什么影响，自己的销售方式也不会为此做出改变。对一个企业来说，对任何经销商都应该是一个态度，不能以大欺小，格力对不同的经销商价格都是一样的。格力在各地设立自己的销售公司主要是为了在各个区域进行市场规范管理，保持自己的品牌形象，而销售公司靠服务取得合理利润，价格一直贴近市场，格力空调去年500万台的销量就证明了这一点，因此格力不会改变这种销售方式。对于今后能否与国美继续合作，格力坚持厂商之间的合作必须建立在平等公正的基础上，违背这种合作原则只能一拍两散。

事实上，在国美、苏宁等全国性专业连锁企业势力逐渐强盛的今天，格力电器依然坚持以依靠自身经销网点为主要销售渠道。格力是从2001年下半年才开始进入国美、苏宁等大型家电卖场的，与一些家电企业完全或很大程度地依赖家电卖场渠道不同的是，格力只是把这些卖场当作自己的普通经销网点，与其他众多经销商一视同仁，因此在对国美的供货价格上也与其他经销商一样，这是格力电器在全国的推广模式，也是保障各级经销商利益的方式。以北京地区为例，格力拥有着1200多家经销商。2003年度格力在北京的总销售额为3亿元，而通过国美等大卖场的销售额不过10%。由于零售业市场格局的变化，格力的确已经意识到原来单纯依靠自己的经销网络已经不适应市场的发展，因此从2001年开始进入大卖场，但格力以自有营销网络作为主体的战略并没有改变。

而在国美方面，国美电器销售中心副总经理认为，格力目前奉行的股份制区域性销售公司的“渠道模式”在经营思路以及实际操作上与国美的渠道理念是相抵触的。国美表示，格力的营销模式是先通过中间商的代理，然后国美再从中间商那里购货。这种模式中间增加了一道代理商，它必定是要增加销售成本的，因为代理商也要有它的利润。格力的这种营销模式直接导致了空调销售价格的抬高，同品质的空调，格力要比其他品牌贵150元左右，这与国美一直推行的厂家直接供货、薄利多销的大卖场模式相去甚远。国美与制造商一般是签定全国性的销售合同，而由于现在格力采取的是股份制区域性销售公司的经营模式，与格力合作时就不得不采取区域合作的方式，这与国美的经营模式也是不相符合的。

格力与国美经营模式的不同，导致了格力旧有营销策略的失败，但是格力营销却能另辟蹊径取得成功，最终靠的还是企业的实力，没有企业过硬的实力支撑，如何能够经得起折腾呢？

蒙牛最终也是靠实力占领市场，由行业第四一举上升至榜眼之位，而液态奶部分更是攀升为行业霸主。

2003年可谓是拥有上千家企业的中国乳品业的多事之秋，然而在这纷纷扰扰中却始终有一个品牌独树一帜、高歌猛进，它就是来自内蒙古草原的蒙牛。

2003年3月伊拉克战争期间，蒙牛集团率先进行事件营销，此后，他们与央视协商建立了一个应对突发新闻事件的快速反应机制，以确保蒙牛广告能在第一时间赢得商机。“非典”期间，蒙牛集团加大广告投放，并增加了公益广告的力度。10月份，蒙牛利用获得“航天员专用牛奶”称号这一机会，进行大规模“举起你的右手，为中国喝彩”的公关活动。11月，蒙牛夺得中央电视台的广告标王，再次成为社会关注的焦点。

蒙牛的每一次公关活动，尤其是借助神舟5号成功飞天的“航天员专用牛奶”公关活动，之所以成功，原因在于蒙牛的营销人抓住了营销策划的四大核心。

核心一：永远不忘产品的核心优势和品牌的核心价值

公关＝沟通＋销售，即所谓“既沟通又销售”。其中沟通侧重于我们常说的树立产品或品牌形象等，而销售则侧重于实现真正销售量的增加。两者一累加就是公关营销。所以公关活动不仅仅要瞄准顾客，还要瞄准广大的社会公众。如果说单纯的销售就像马鞭子抽在马背上能使马儿跑得快的话，公关活动就是清除跑道上的沙石障碍，铺平跑道上的坑坑洼洼，给马儿创造跑得更快、更好的条件和环境的工具，是当之无愧的“品牌建设”的有力工具。

因此，企业的一切公关活动都应该服务于品牌建设和适应于品牌规划。简单点说，就是企业的一切公关活动一定要紧扣自己产品的核心优势和这个优势可给予消费者的核心价值，即品牌的核心价值。

那么，蒙牛2003年的产品优势是什么？对一般消费者而言，印象最深的莫过于奶源的优势，蒙牛出自茫茫蒙古草原，远离污染、贴近自然，其液态奶尤其是鲜奶自然让人放心。但实际上，蒙牛的优势不仅仅只有这点，它在让消费者放心的基础上还有着更科学的工艺配方，既保证口味、卫生，更保证了人们喝奶时最希望获得的营养和健康。国内目前推广学生奶并提倡全民喝奶，其动机雷同于日本昭和年间的“天皇劝奶令”，首先要考虑的是民众的健康。所以，从蒙牛此次宣传的各种类型新版广告的主题来看，其“健康是强国之路”的品牌主张，在以“举起你的手，为中国航天喝彩”的情感诉求中不但没有削弱，反而通过老、青、幼三代不同的形象表现，更加直接地、全面地进入民众的日常生活，建立起一个鲜明的“健康奶”的品牌形象，无形中拉大自己与其他竞品可给予消费者的价值感的距离。

核心二：始终警惕转瞬即逝的市场机会

在蒙牛的神舟五号公关活动后，突然冒出了许多以神舟5号或航天员为素材的广告，有FIYTA表、有喜之郎果冻布丁、有波司登羽绒衣等，但人们永远都对“第一”印象最深。因此，蒙牛的营销人是优秀的，他们深切懂得机会是公关活动的基础，没有好的机会就无法承载较高的营销目标或品牌期望。

他们知道机会既来自于市场，又来自于创新。有人说，市场上每天都有抛给我们的“绣球”，只是我们没有觉察、没有去接，便给了先于我们去接的人更多的机会。那么，绣球都是什么模样？通常有以下几种：

1．社会重大事件。包括政治的、体育的、文卫的、社会的、经济的等等，都是企业可以利用的机会。比如海尔的小康列车巡展活动就是抓住“十六大”提出“建设小康社会”这一重大事件而实施的公关活动；一家国外公司甚至借一群鸽子意外借宿其办公楼，而成功进行了该企业“爱护动物”的形象的宣传；

2．技术的创新成果。比如IBM的有名的“人机对抗”，就是在其成功研发出每秒可分析200万棋位、技术领先于同行时，策划实施的；

3．同行的某种公众行为。1999年3月初，当比尔·盖茨在深圳会同国内信息、家电巨头联想、海尔、步步高和四通四个公司推出“维纳斯计划”，却迟迟未有产品上市的情况下，海信首先推出网络机顶盒产品，成为“维纳斯”雷声中的第一滴雨，从而迅速成为媒体追捧的对象，形成了一股“海信热”。

所谓来自于创新的机会，就是要靠企业自己去发掘、创造的机会。蒙牛在这方面的表现就显得老谋深算。

为了神舟五号飞天这样一个在别人眼里“很突然”的机会，蒙牛早在2002年上半年，就与中国航天基金会进行接触。由于中国航天基金会对合作伙伴的挑选要求十分严格，如必须是民族企业，必须是中国驰名商标，必须是行业领导性企业、必须同航天精神相关联等，通过数次对公司的奶源、生产设备、市场流通等环节的严格考察、调研，并进行多次物理、化学、微生物学的分析，蒙牛于2003年初成为中国航天首家合作伙伴，这个时候距离神舟五号飞天还有半年时间，最主要的是飞天能否成功尚无人完全知晓。所以说，蒙牛成功的第二理由是它始终在寻找可供自己利用的市场机会。

核心三：坚持感性路线和理性路线的完美结合

公关在营销中的真正含义应该是“既沟通又销售”，其中沟通重在感性认知，偏于品牌的树立，而销售则注重市场结果，偏于销量的实现，所以说公关始终要感性与理性相结合，两者缺一不可。而这一点在蒙牛神舟五号的公关策划中同样是表现得恰如其分。

首先是关注感性认知。蒙牛注意到，因为我们是第一次载人航天飞船的成功发射，所以其带给国人的巨大民族荣耀感和自信心空前高涨，这时候说什么都不如喝一声彩来得过瘾，顺应潮流，又能显出声音，所以，蒙牛以感性诉求的手法喊出“举起你的右手，为中国喝彩”，迅速引发共鸣，拉近了与消费者的感情，使品牌在第一时间得到大家的认同，达到了最初树立品牌形象的目的。

其次是关注市场结果。营销人都知道消费者与你感情好但不消费就等于白搭的道理，所以蒙牛在此公关影响力迅速遍及全国的同时，在自己的产品广告和卖场促销活动中及时补充“神舟五号”“宇航员”等要素，并推出有诱惑力的买赠活动，使得公关形成的品牌势能转化为销售动能，保证了公关对销量促进的深层次目标的实现。

核心四：清醒认识执行是保证营销成功的关键

营销力就是策划力与执行力的综合匹配，即营销力＝策划力×执行力。应该说，蒙牛的此次公关，两力都很强，策划力前文已讲，执行力从以下三点可以反映：

1. 执行的及时性

神州五号飞船在内蒙古大草原安全着陆的那一刻，宣告中国首次载人航天飞行圆满成功。就在举国同庆之时，蒙牛关于此次飞行事件的户外广告，上午10点时即在各大城市实现“成功对接”。

2. 执行的不走形且整齐划一性

在军队中之所以强调步调的一致，在于其最能形成一种前进的势或对敌人的震慑，所以我们也常常以执行是否走形、是否整齐划一来判断执行力的强弱。笔者单纯通过自己所经历的三个城市在相差不过一周的宣传情况来看，蒙牛的营销末梢不仅正确理解了总部的部属，而且执行得不折不扣——户外广告最早挂、广告位置要抢眼、幅面大、质量好等。

3. 执行的层次性

蒙牛在此次公关的执行中，还注意了从不同媒体的沟通主题到广告与促销的完美结合，使平面广告、影像广告和人员口碑等形成一个传播梯度，更好地实现感性路线和理性路线的结合。

那么，是什么使蒙牛的执行力如此强呢？首先是蒙牛“先谋后动”的战略思想起了作用，它使自己有较充分的准备，以致不“仓促上阵、乱了阵脚”。其次是长期以来严格、科学的营销管理使然，因为执行关键在人，人的关键在于明白“责权利”和“给其权利、监其使用”的管理氛围，而这两点正是营销管理的核心内容。

第三章

核心战法（二）：扩大自己的阵地

一、如何有效扩大营销阵地

有效地扩大营销阵地必须实行行之有效的方法，或许各个企业都有各自的方法，不能否认这些方法的作用，但笔者以为要想有效地扩大企业营销，须有一套系统性的营销方案，那么整合营销就是一套适合企业扩大营销阵地的行之有效的方法。

整合营销是以消费者为核心来重组企业行为和市场行为，综合协调地使用各种形式的传播方式，以统一的目标和统一的传播形象，传递一致的产品信息，实现与消费者的双向沟通，迅速树立产品品牌在消费者心目中的地位，建立产品品牌与消费者长期密切的关系，更有效地达到广告传播和产品行销的目的。

创立于1812年6月的纽约城市银行是花旗银行（Citibank）的前身。1865年，根据美国政府颁布的国民银行法，改名为纽约国民城市银行，是美国金融中心之一，华尔街最老的银行之一。19世纪末20世纪初，该行被洛克菲勒和斯提尔经家族控制，并成为他们掌握美国石油系统的金融调度中心。1955年在美国大规模的兼并浪潮中，该行兼并了摩根财团两大金融支柱之一的纽约第一国民银行，而改名为美国第一花旗银行。根据1967年12月4日的特拉华法律，花旗银行于1968年10月31日正式创建。1907年，花旗银行已成为现代化银行和大型商业银行的典范。1998年10月，花旗银行于旅行者集团合并成功，组成了全世界最大的金融机构——花旗集团（Citigroup），同时也开辟了把所有金融产品集于一身的金融界前所未有的多元化业务发展模式，市场资本总额达到了1兆美元，工作人员达到了27万人之多，其业绩也是蒸蒸日上。2000年花旗集团的总收入高达1120亿美元，在财富500强中排名第六，其利润高达135亿美元，仅次于埃森克·美孚公司，其股东平均回报率达到了40.80%，远在其他大公司之上。经历了200年的发展，花旗银行从一个小小的银行起身，一路经过无数次的生死锤炼与蜕变，成为银行业的巨人，花旗银行是一个不折不扣的银行帝国。

整合就是最大限度地调用媒体，整合营销强调营销即传播，运作应摆脱粗放的、单一的状态走向高效、系统和整体。本着以客户为导向的精神，花旗银行试图从客户及潜在客户那里得到最大的回报，建立长期关系。花旗银行的信用卡业务是“璀璨的明珠”，同其他业务一样，也时刻以服务于客户为准则。花旗是怎样成为最大的信用卡发行者的，又是怎样维持行业领先地位的，除了一些坚定的理念外，更重要的是它的整合营销策略。花旗银行的整合营销传播提供了一个战略平台，在平台上可以展开银行所有的基本活动，并且在以客户为导向的战略指导下，进行营销与销售的整合，强化营销导向。它利用各种传播渠道，在电视、印刷、户外、店头等广告媒体，以及包装、促销、营销等事件与推广等渠道上进行协调，走向整合传播交响乐。依靠这些目标客户得以接受不同的营销传播信息。与此同时，他们受到品牌的影响，比如来自朋友的建议。花旗银行开始定义新的或者广义的传播概念，重新界定营销传播范围。它考虑更加广泛的传播方式，而不是局限于传统的功能性广告活动，销售促进、直接营销等等，它综合使用了新闻宣传、广告、公关等传播手段，相对集中地传递信息。一般用户能够从新闻报道，特别是在广告立体（平面、电视、户外）轰炸中潜移默化地与花旗银行联系在一起。比如有名的“长尾巴”，强调花旗银行信用卡失卡免风险的广告。

一位先生在一个熙来攘往的大堂等人，他一不小心被后面的小偷乘虚而入偷了钱包。此时，奇怪的事情发生了，透过镜头，我们看到他的裤子后面走出了很多信用卡的签账单，旁白说：“一旦您的信用卡掉了，麻烦的还不是补发新卡，如果被冒用，损失就更大了。”那位先生裤子后面出来的签账单越来越多，变成了一条长长的尾巴。连过路的漂亮姑娘也忍不住回头看他的窘态。镜头一转，这位先生正在堆满他的尾巴的电话亭旁求教：“花旗吗？我的卡掉了……”那边的小姐安慰道：“先生请别担心，花旗会负担您所有被冒用的损失，而且在24小时内补发新卡给您。”这位先生拿着他补发的新卡走在街上，忽然发现从一位女士口袋里正生出一条信用卡签账单的尾巴，这时，顽皮的字幕出现：老天保佑，她用的是花旗银行卡。而最后花旗的产品出现时，旁白说：“失卡免风险，花旗信用卡。”

广告发挥了先导作用，提高了信用卡的知名度，使客户了解了产品的特点和益处。花旗银行还印发了许多内部宣传品，有详述产品特点和发放日期的营销通知的小传单，还有在雇员快讯上刊有介绍产品的文章。这样的内部沟通将员工所需要的重要信息传递给员工，让他们了解销售新卡的活动。

强调投资是为了回报，而不是传播本身，营销者在信息时代中的工作不再是促成交易，而是建立关系。花旗银行制定了全面的产品培训和激励计划，使员工积极促销，营销队伍负责对客户的长期承诺，取得了很好的绩效。

最后是检测和评估绩效。为了确保产品不偏离原定的目标，花旗银行进行了客户动态分析，使用营销客户信息档案支持信用卡的营销，跟踪细分市场，检测客户利润，并实施生命周期营销和产品开发。

花旗银行还对成本和费用情况进行跟踪，监测竞争对手，评估实施的战略和战术，确保银行能够留住客户，同时考虑将来产品的全球化发展。银行已经不再是运营驱动，“由内而外”的传播规划，强调从品牌体验的各个方面去为顾客创造价值。公司的各个方面，从顾客反馈、产品质量、人力资源的招聘与培训到完善组织结构，都必须联合起来，不断地完善提供给顾客的服务。

花旗银行的整合营销传播“评估各种不同的传播技能（如广告、市场推广、公共关系等）在策略思考中所扮演的角色，并透过整合提供清晰、一致的讯息，已达成最佳的传播效果。”将所有的营销和传播要素都变成可信的、有说服力的、含义丰富的、可测量的过程，而且这些过程的有效性和效率都是可以评断的。各种传播在时间、空间、金额等方面也有科学规划，达到了整合效果。

整合营销被用来帮助组织将时间、精力和财务资源集中到最佳客户和潜在客户身上。它不是首先决定说什么然后再寻找目标受众，而是以客户和潜在客户为起点，然后再返回到自身。这正是花旗银行一直坚持“客户至上”理念的最好诠释与实践。

花旗银行通过品牌接触和品牌传播评估，来决定在哪里和在哪种情况下品牌或银行与其客户或潜在客户建立一系列反馈渠道，来搜集关于客户的外部信息，并在整个银行里有效地利用这些客户信息。既利用一手或二手市场研究资料，也利用实际的顾客行为数据，并将这些信息运用到计划、发展和评估传播活动中。这样的作用不仅保持了大量的数据资源，而且营销传播人员能十分有效地利用这些数据来制定营销传播计划。同时在整合营销传播计划、发展和执行过程中，有效地利用信息技术来将客户的相关资料转化为客户认知。

花旗银行整合营销传播内容实践和程序与外部传播相一

致。不论以什么形式，广告从业人员应被视为营销部门的得力助手，他们提出的想法不仅支持促销策略，还支持营销组合的其他要素。银行内部各个小组的经理人员将本组织所有的传播活动整合在一起，从而使其变成一个有凝聚力的整体。正是通过这些人员，整合营销传播才被规划出来并得以执行。这些小组也将外部资源和内部能力结合在一起，以获取最大化的结果。

摩托罗拉的本地化整合营销

摩托罗拉公司创立于1928年，最早生产整流器和车载收音机，在四五十年代不断发展壮大。60年代，摩托罗拉开始拓展海外市场，逐渐成为一个全球性公司。目前，摩托罗拉在全球共有11万名员工，业务范围涉及无线通信、半导体、汽车电子、宽带、网络和互联网接入产品等。摩托罗拉是移动电话、寻呼机、双向无线电和商用GSM和CDMA技术的带头人，2001年的全球销售额为300亿美元。

摩托罗拉公司于1987年进入中国，首先在北京设立办事处，于1992年在天津注册成立摩托罗拉（中国）电子有限公司，生产寻呼机、手机、对讲机、无线通信设备、半导体、汽车电子等，产品销售到中国和世界市场。目前，摩托罗拉在中国大陆有1家独资企业、1家控股公司、8家合资企业，总投资额为285亿人民币，2001年在中国的销售额为407亿人民币。目前，摩托罗拉公司是中国电子领域最大的外商投资企业，是美国在华最大的成功投资商。

摩托罗拉在中国的本土化

“本土化”的实质是跨国公司将生产、营销、管理、人事等经营诸方面全方位融入东道国经济中的过程，也是着实承担在东道国公民责任，并将企业文化融入当地文化模式的过程。它有利于跨国公司降低海外派遣人员和跨国经营的高昂费用、与当地社会文化融合、减少当地社会对外来资本的危机情绪，有利于东道国经济安全、增加就业机会、管理变革、加速与国际接轨。“本土化”衔接了当事双方的利益，于是也就成为跨国公司解决异国环境障碍的核心。本土化方式主要有：产品品牌本土化、人力资源本土化、营销方式本土化、产品制造的本土化、研究开发的本土化。摩托罗拉的本土化战略体现在以下几个主要的方面：

1. 投资与技术转让

摩托罗拉（中国）电子有限公司几次增资，多年来没有带走一分钱，把所有利润都重新投回中国，并把北亚中心从香港迁到北京。2000年8月21日，摩托罗拉与天津市人民政府联合宣布在中国再次增资160亿人民币，用于建设天津半导体集成生产中心和亚洲通信产品生产基地，这使其在华投资总额达到285亿人民币（34亿美元），成为中国电子领域最大的外商投资企业。中国加入WTO后，摩托罗拉公司首席执行官和董事长克里斯托夫·高尔文郑重承诺，摩托罗拉将继续做投资商。摩托罗拉进入中国后，始终坚持投资与技术转让并重，不断加大在研发上的力度。1999年11月，摩托罗拉公司在北京成立中国研究院，下设18个研发中心，有1000名研发人员。在技术转让和科技研发方面远远走在其他外资企业的前面。摩托罗拉在中国的研发也取得了丰硕成果，A6188、A6288、388等集中手机和PDA优势、体现无线通讯与互联网走向融合发展趋势的产品，就是由中国本地研发人员研发、设计和生产的。

2．管理本土化

人才是摩托罗拉最大的财富，而实现人才本地化的关键是通过完备而有效的培训体制开发当地人才。摩托罗拉公司用实际行动，帮助将来有可能成为经理和总经理的中国员工成长。摩托罗拉选拔和培养中国员工，向他们提供培训、参加国际会议和到海外学习或实习的机会。为此，公司规定每年支出相当于员工薪金总额3％的费用用于员工培训，每个员工每年须接受不少于40小时的培训。1993年7月，公司投资数百万设立了摩托罗拉大学，对新员工和在职优秀员工进行培训，同时也为合资企业的中方伙伴、供应商、分销商、客户以及中国政府官员提供培训，每年总共提供1万人次的培训。1996年6月，摩托罗拉（中国）电子有限公司在天津生产基地成立了培训中心，对生产基地的员工进行培训，因材施教。针对一线操作工、技术人员、和管理人员实施不同类型的培训。此外，该中心也对供应商、分销商进行培训。1994年，摩托罗拉公司为了更快地实现管理人员本地化的目标，为中国员工设计了一个特殊的中国强化管理培训计划（CAMP），对有潜力的管理干部进行培训。该培训计划推出的当年，就有12人接受了培训。1995年接受培训的为27人，1996年为48人，1997年为45人。通过几年的强化培训，摩托罗拉（中国）公司管理人员的本地化程度在不断提高，中国公民的比例已由1994年的11%（12人）上升到目前的72%（528人）。截至2001年底，摩托罗拉中国公司管理层中有767人是中国员工，其中女性有196名，占总数的26%。摩托罗拉还计划在未来几年之内，将女性经理人数从目前的22%提高到40%。

3. 配套产品国产化

摩托罗拉把配套产品国产化作为在华发展的一个重要原则，希望借此加强与中国企业的合作，参与中国的经济建设。摩托罗拉选择本地供应商，并且帮助他们改进管理，提高效率和改善质量控制系统，甚至为他们与别的外资企业牵线搭桥。2001年，摩托罗拉的本地采购金额为133亿元人民币，其中包括摩托罗拉海外机构从中国采购的33亿元，远远走在其他外商的前面。目前，摩托罗拉在中国共有700家直接和间接供应商，这些供应商的员工总数为13000人。

摩托罗拉产品零部件供应的类型包括：半导体器件、集成电路框架、微型马达、液晶显示器和多层制电路板等。配套产品力争实现国产化，从中国国内获取高质量的零部件，不仅是摩托罗拉对中国的承诺，也是摩托罗拉的发展战略。在1992年摩托罗拉建立其生产制造工厂时，公司就决心与中国最有前途的零部件供应厂商建立密切的合作伙伴关系，并支持它们的发展。经过数年的努力，目前公司从国内获取零部件的比例，大大超过最初目标，2001年产品平均国产化率达到69%。国内采购直接材料的金额为6.35亿美元（仅个人通讯事业部）。

摩托罗拉推行的资源本土化战略，已经取得巨大的成果：改进了国内供应厂商的技术和质量水平；提高了供应厂商的管理和技术知识，为当地供应商注入了新的活力；促使国外供应厂商与当地最好的供应厂商建立合资企业、谋求共同发展，帮助中国发展电子基础工业；节省外汇及创汇。摩托罗拉与那些有能力生产达到高质量标准的供应厂商建立合作关系，包括制定设备升级计划，建立质量控制系统和提高管理水平，并给予技术和管理方面的培训，摩托罗拉还投入资金，对供应厂商进行技术和管理培训，为每个重要的供应厂商制定有针对性的培训计划。在此过程中，摩托罗拉动用了它在北京和天津以及在世界其他地方的培训力量。自1998年以来，摩托罗拉在中国已经培训了22个省、市、自治区的400多家企业，学员超过1500人，并计划到2005年共为1000家国企提供培训，引进TCS文化，带动供应商提高质量意识，与当地供应厂商建立密切的合作关系，帮助他们提高制造高技术产品的能力。

同时，摩托罗拉的本地采购也取得长足发展，1996年从

130多家直接配件和材料供应商手中采购了2.6亿美元的产品，1997年公司在华直接采购的配件和材料总值上升到5亿美元，2000年公司从700家本地供应商手中购买的零部件总值达14亿美元，估计摩托罗拉公司2001年国内采购的数额将超过15亿美元，国内供应商的数量将达到1000家。

4．研发本土化

摩托罗拉把世界领先的技术带入中国，积极推进技术研究与开发的本地化，加强与中国在研发上的合作。截至目前，摩托罗拉在华投资的8家合资企业，设在天津的生产基地和18家研发中心均引进了摩托罗拉公司的先进技术设备，为在中国生产出世界一流的产品奠定了坚实的基础。

上海摩托罗拉寻呼机有限公司于1995年建立的时候，引进的是当时最新的FLEX高速寻呼机技术。FLEX技术是摩托罗拉公司研究开发的，与传统制式寻呼机相比，这种制式的高速率寻呼机的用户容量增加了5倍，抗干扰能力增加了10倍，电池寿命增加了5倍，还能大大减少信号误差，改善接受信息的可靠性。经过三年时间的技术跟踪对比，FLEX技术已被国家有关部门正式确定为中国高速寻呼体制标准。

公司于1996年成立杭州摩托罗拉移动电话用户机有限公司和杭州摩托罗拉移动电话系统有限公司，这两家企业均引进了摩托罗拉世界领先的技术，生产码多分址移动电话的系统设备和用户手机。这是中国最早的码多分址（CDMA）合资企业，也是摩托罗拉公司在美国境外第一家码多分址工厂。

摩托罗拉公司还在中国开展了一系列技术合作项目，其中主要的有：与清华大学合作建立“摩托罗拉北京亚洲制造研究中心”，该中心是摩托罗拉在美国本土以外第一个生产技术研究实验室；与中国科学院下属的国家智能计算研究中心合作建立“高级计算机及通讯技术合作实验室”，主要从事高级计算机技术的研究开发；与西安大唐电信公司合作，研究与开发CDMA系统；与联想集团合作建立“联想－摩托罗拉研究中心”，从事个人计算机研究。2000年，摩托罗拉还与东方通信和中国华大集成电路设计中心宣布联合开发中国的2.5G手机核心技术。摩托罗拉的半导体事业部与南开大学建立合作，共同开发半导体技术的研发，目前这方面的洽谈已有了良好的开端。

整合营销具有信息资源广泛，传播速度快的特点，但信息如果没有得到有效的关注也会造成传播不广，而淹没于信息之中。企业需抓住机遇有效地扩大营销阵地。

二、以弱搏强需要抓住最佳机会

以弱胜强，不是无心插柳，而是源于精心的谋划；不是一时的运气，而是有系统的方法。那么，作为弱势一方的广大中小企业、初创企业如何才能实现崛起？利用本就存在的强弱互换的趋势，或者是主动创造强弱互换的机会才是制胜的关键。

弱势企业可以从五个方面出发，由点及面构建起一个崛起系统：

从产品出发，跟风、跟随、创新……各种招数套路都可以用，关键是找到适合企业的最佳机会；

从渠道出发，提升经销商的分销积极性和反应能力，突破竞争对手的渠道封锁；

从区域市场出发，先成为区域市场的强者，建设好“根据地”，再进军规模市场；

从竞争出发，塑造局部竞争优势，扬己之长，攻敌之短；

从传播出发，运用事件营销、网络营销等，以低成本实现高效传播。

银麦啤酒在区域强势啤酒品牌林立的局面下，却连续多年在产量和利润水平上稳居山东省第二。像狼一样寻找对手的弱点，并速战速决，是银麦的以弱胜强之道。

在中国啤酒市场竞争最激烈的前沿阵地山东，在青岛、趵突泉、北冰洋、琥珀、三孔、无名等区域强势啤酒品牌林立的局面下，银麦凭什么能够在与强势品牌的博弈中，保持区域第二名的位子多年？

相比于青啤世界级的影响力和550万吨的巨大产能，银麦仅拥有50万吨的产能和区域性的品牌影响力。如果以品牌战与青啤对峙，银麦无论如何都不是百年品牌青啤的对手，更何况巨大的传播费用也会把银麦拖垮。而价格战导致的“自我杀伤性”，更不是可以与大品牌长久对弈的法门。该拿什么去叫板大品牌？避开锋芒，寻找对手的弱点，或者在主动出击中让对手的弱点暴露，然后速战速决，是银麦的以弱胜强之道。

见缝插针

大品牌的市场缝隙，就是小企业的生存机会。银麦做市场从不冒失攻击，而是把营销人员分布在市场的角落里，静观竞争对手的动向，寻找市场的空隙。哪里有漏洞，就往哪里钻，实行见缝插针式的渠道策略。

日照市场在青啤兼并日照啤酒厂后，一直是青啤一家独大的局面。日照啤酒厂产的汇泉啤酒，作为青啤收购的子品牌，一直在当地市场占据主导地位。2007年9月，青啤为了整合旗下品牌资源，突然宣布用崂山啤酒（青啤收购的另一子品牌）替代汇泉啤酒，同时将长期推销汇泉啤酒的老业务员全部开掉，重新招募业务员来推销崂山啤酒。于是，在旧品牌汇泉撤除后、新品牌崂山上位前，出现了一个市场空档。

对银麦来说，这是一个难得的良机。此时，银麦虽已进入日照市场运作多年，但市场占有率很低。因为此前汇泉在日照市场很受认可，消费者具有较高的忠诚度，银麦一直苦于没有下手的机会。而崂山啤酒的上位，给了银麦一个机会：对日照消费者来说，崂山与银麦都是外来品牌，在选择上没有什么区别。作为外来者，要填补汇泉留下的市场空档，谁的速度更快，谁的胜算就更大。银麦在第一时间发现“敌情”后，立即集中车辆人力等资源，迅速到酒店、餐馆、超市、社区便利店等终端铺货，通过业务员高频率的有效拜访，在终端做专业的生动化陈列（产品陈列的生动化，通过产品的有序和有效陈列，营造购买氛围，改善终端产品展示形象，促进销量增长），集中造势，使抢夺的终端网点稳固下来，最终与崂山啤酒在市场布局上实现平分秋色。

银麦在日照市场上从无到有，从有到占据半壁江山，是由于在见缝插针的过程中把握好了各个步骤：战术上尽量避免与强者正面交锋，蛰伏期能够做到知己知彼，抓住对手的过失后能够以快制慢，获得根据地后能够将市场维护到位。

要想进攻强势品牌的盘踞地，弱势品牌必须在进攻之前摸清对手的阵法及兵力配置、渠道成员、利润分配、促销方式、执行力等，通过足够的情报信息分析对手的长处和弱点，并随时掌握对方的变动情况，以备攻击之需。银麦这次的获利，不仅是因为抓住了对手暴露弱点的机会，还因为在事前数年的潜伏期中所做的准备工作，让自身在信息上变得灵敏，从而把握住了青啤“难得一遇”的终端漏洞。

大品牌虽然由于摊子太大，不可能永远“无懈可击”，但机会并不常有。因此，一旦对手露出破绽，弱势品牌必须全力以赴，一击就中，在短时间内用优势兵力将对手消灭。银麦在获知对手破绽后，连决策带行动，3天内就使50名业务员（加上10多辆送货车）各就各位，各自奔向目标网点，从而在短时间内实现铺货率最大化，避免陷入消耗战的泥潭。

小品牌在短时间内获得的阵地，也有可能在日后双方的拼抢中丢失掉，或陷入拉锯战中苦不堪言。因此，终端能否维护到位，关系着短期的机会能否转化为长期的竞争优势。银麦在把握机会进行终端铺货后，通过业务员日积月累高频次的终端拜访，进行定单传递、理货、POP（卖点广告）陈列、库存管理、促销执行、客情（人际关系管理）推进等，一方面不断扩大零售网点数量，另一方面在已获得的网点内，尽最大努力刺激消费者的触觉，并把对手赶出货架，让竞品无法落地生根。

可见，见缝插针策略，其实是一套组合拳。抓住大品牌留下的市场空隙，只是组合拳里的一步关键棋。见缝插针策略要真正见效，需要将一系列组合动作实施到位。

策反分销网络

见缝插针策略固然可以以小博大，但是“缝隙”并不常有，如果仅仅是等待对手暴露出缺点，则无异于守株待兔。因此，作为弱势品牌，在主动进攻中打击对手的弱点才是上策，才可以使对手的弱点转化为可以对其直接进攻的“缝隙”。策反强敌的分销网络，正是利用了大品牌产品价格透明、造成渠道利润微薄、进而导致分销商怨声载道的致命硬伤，通过策反对方分销商，使对手的终端网点转化为自身的堡垒阵地。

平度市场自2002年开始，就成为青啤的势力范围。青啤旗下崂山啤酒一直在此地盘踞，银麦啤酒在平度市场则一直处于半死不活的状态。但由于平度市场人口密集、消费能力大，又是距离银麦总部最近的一块市场，因此，如何在此地寻求突破，成为银麦市场布局中的重中之重。

如果硬攻，势必会引起青啤的强烈反击，或者陷入僵持战的泥潭。经过市场走访，银麦发现，渠道环节正是青啤的致命缺陷：青啤在平度市场有1个经销商和22个签约分销商，由青啤办事处直接控制分销商发货，这意味着分销商决定着该市场的走向。同时，青啤的渠道利润长期不能保证，每包（9瓶）啤酒带给分销商的利润不足3毛钱，这导致渠道不满渐长。另外，由于平度周边都是青啤的基地市场，串货现象经常发生。为了避免促销力度过大导致基地市场受到冲击，青啤对每个分销商收取2万元保证金，只要分销商违规串货，青啤便从保证金中罚款，渠道怨气冲天。分销商决定着终端市场，而分销商的利益却不能得到保证，那么，策反分销商为我所用，就成为促使对手网点快速丢失的一条捷径。

银麦很快接触到3个因拒交保证金而被青啤开除的分销商，双方达成秘密协议：划分3个虚拟大区域，由银麦提供业务员3名，全力配合3名分销商，每名业务员配合1名分销商在各自的区域内，负责串联其他分销商，银麦根据达成的客户销量给分销商以提成和奖励。对于有易帜意向的分销商，银麦承诺签订协议，在终端服务、价格维护、促销执行、月底返扣、年底奖励等方面详细约定，保证渠道利益；为了打消分销商对交给青啤的2万元保证金的顾虑，银麦承诺，只要分销商的年销量达到50万瓶，银麦保证年终返利3万元；为了消除分销商对银麦今后铺货可能有困难的顾虑，银麦承诺会派遣专门的业务员队伍，帮助分销商铺货，直到铺货率达标。经过分销商的频繁串联，青啤的5名分销商倒戈过来，并开始吞货。

青啤发现市场变动后，立即处罚了“叛变”的2名分销商，尚未“变节”的分销商在议论纷纷中开始对银麦有所关注。银麦趁机加大串联力度，并承诺只要经营银麦啤酒，被青啤扣罚的保证金由银麦补偿，结果，又有8家分销商归顺。在青啤的分销商多半已被策反的情况下，银麦开始实地进攻：在随后的一周内，将10余万瓶啤酒运进了这些分销商的仓库；凭借利润优势，由分销商将手中的青啤终端店转换为银麦的铺货店；对于尚未归顺的剩余分销商，银麦采取“打拉结合”的方式，先将其控制的终端锁定，然后让业务员将其控制的终端一个个拿下，边打边谈施加压力，迫使对手加入本方阵营。分销商的叛变，使青啤在配送上出现“断档”。

不过，这并不能保证夺过来的终端网点会稳固，因为除了依靠分销商铺货送货外，青啤还专门组建业务人员，对分销商覆盖不到的区域进行覆盖，对分销商能够覆盖到的地方进行补充维护，以取得高铺货率——这种深度分销模式被青啤运用得很娴熟。青啤在平度市场部署有6名业务员，他们在终端生动化陈列的执行上，几乎没有对手，POP保持率可以长达几个月。因此，渠道“短路”虽然可以使青啤在配送上出现“真空”，但其业务人员对终端的定期拜访仍然能够维持终端定单。因此，策反之后，银麦还必须集中兵力正面打击青啤的业务员队伍。

银麦开始组织业务员队伍，与青啤的业务员展开正面拼抢，双方在终端网点的生动化陈列上彼此抢夺。与此同时，银麦通过策反过来的分销商，获悉了青啤总部检核业务员的具体时间，在检核人员到达的前一天，银麦突然调集20余名业务员集中突击，在一天之内将青啤的生动化陈列清除殆尽。结果，青啤总部的这次检核，使5名业务员的当月奖金被全部扣罚，士气受挫。银麦趁机加大火力，加大生动化陈列的力度，并阶段性地组织重点区域的反复冲击，青啤的终端生动化遭遇重创，银麦的市场形象迅速提升。

除了策反分销商进行渠道压货、组织业务员进行终端牵制外，银麦还组织路演和促销活动等进行消费者拉动、发动内线分销商对青啤进行囤货串货以扰乱市场价格等，逐次占领了餐饮、商超、小批零店、夜市等市场制高点，最终使青啤的铺货率降到了40%以下，而银麦的铺货率则提高到了近70%。

这一局，银麦胜在优秀的市场洞察力和决策指挥能力上。前者使银麦得以选择合适的进攻点——任何啤酒在失去分销物流平台后，都不可能实现有效覆盖，拿下竞争对手的分销商，就意味着终端网点的局部胜利；后者则使银麦能够把握好进攻手法的“正”与“奇”——先重点策反分销网络，迫使对手出现渠道“短路”，然后在料到对手会组织业务人员攻抢终端时，有策略地与之展开正面较量，并辅以促销、搅局等活动，明战与暗袭、主阵与辅阵相互配合，依靠灵活性和速度取胜。

让对手动起来

当对手的弱点处于既不可直接进攻，又尚未被激化的状态时，无论是见缝插针还是策反策略，都无法奏效。银麦的应对之策是，先在试探性的进攻中熟悉终端情况，然后选取重点市场多次开展促销活动，诱使对手还击，让对手的弱点在多次应对中尖锐化，令其自乱阵脚，银麦趁机在乱中取胜。

潍坊市场是青啤经营多年的市场，消费习惯根深蒂固，市场占有率高达90%。2002年，银麦开始尝试进入潍坊市场。但由于缺乏市场培育，银麦在潍坊市场上依然是新品，急攻并不可取。银麦在市场走访中也发现了对手的关键弱点：青啤在潍坊市场实行传统的大客户渠道代理制，设有两个经销商，各经销一个主品类，其所有市场促销全通过经销商来执行，业务员则只设了1名，主要负责与公司联络、账务处理等。两个经销商之间并不和睦，并且他们从去年开始都在减少直供店，转交给手下的数家分销商控制。但是，这些弱点还相对“温和”，并没有达到矛盾尖锐化状态，因此找经销商谈判的策反行为，难以水到渠成。

2006年10月，银麦选择了5名经销商，同时派驻了5名业务员，将潍坊市场划为5大片区经营，每个片区对应1名经销商和1名业务员，同时规定经销商只能在自己的片区里配送银麦啤酒。银麦在业务员与经销商的配合下进行终端试水，进行价格告知、吧台和货架陈列、开展促销活动等，虽然银麦的终端利润高于青啤，但是银麦的品牌认知度不高，市场反应冷淡。

在终端整体推进不奏效的情况下，银麦决定尝试攻击对手的“必救之地”，利用对手不是铁板一块的弱点，迫使对手在应对中暴露出更多破绽，根据破绽来确定该如何继续进攻。2007年3月，银麦选择了271家啤酒销量较好的酒店（B类店）进行铺货，并与酒店协议进行有偿摆桌活动：约定在酒店每桌上摆放4瓶银麦啤酒，月底银麦每桌赠送酒店4瓶啤酒。促销的诱惑，加上银麦业务员的终端维护，一周内银麦在B类店中的铺货率达到了60%。

这让青啤感受到了威胁，于是也开始在酒店抢搞摆桌活动。但由于青啤没有业务员负责终端，只能发动渠道商配合：为经销商提供一个月500家摆桌促销用酒，月底每桌同样赠送4瓶。青啤的这次反击，使自身的弱点开始问题化：其经销商贪图小便宜，只执行了约260家，其他促销用酒被经销商截留；其摆桌促销活动全部是由经销商执行，签订的协议五花八门，促销信息在传播中也变了样，最后导致对酒店的奖励在兑现时出现大面积投诉。这次促销暴露出青啤在市场管理上的漏洞，银麦的市场突破口开始被撕开——攻击重点市场，开展促销活动，诱使青啤还击拦截，使其在渠道上的弊端日趋尖锐化。

5月，银麦的业务员开始与B类店老板谈判：只要专卖银麦啤酒，每月给予10—30件产品的奖励。半月内，青啤接连丢失了80家酒店。作为回击，青啤下令10天内务必完成与所有酒店的签约。这使青啤粗放式管理的弊病又一次凸显出来：银麦采取一月一签的形式，开展本次活动共投入30万元促销费用，而青啤为了全面封杀银麦，与酒店签定的是全年专卖合同，投入高达310万元；青啤只重签店不顾维护，签店之后终端交由经销商配送，最后酒店换人或换卖竞争对手的产品也无人监督；由于签店是厂家投入，经销商在签约时，为了套取厂家促销，进行一店多签或签假店。

银麦进而在社区店、烧烤夜市、超市等市场开展促销活动，青啤在被动式的盲目跟进中进一步出现价格松动、促销费用结算不清等问题。在一步步诱敌深入、把握战场主动权后，银麦开始抓住战机，通过促销、赠送等方式，向青啤的专卖店渗透，并利用对手渠道利润薄的缺点，对青啤的经销商和专卖店同时开展策反，将对手的专卖店变成自己的主营店。至此，银麦已从青啤手中抢夺了过半的市场。

可以看出，银麦轮番发动的促销活动并没有什么新奇之处，银麦只是在抓住主要战场的基础上，将常规性的促销活动运用到位，诱使对手在出手还击中将弱点暴露无遗，让其首先自乱，在此基础上再配以策反等手段进行终端抢夺。其中，“攻其必救之地”，选好突破口是关键。

执行力的打造

抓住市场缝隙见缝插针、策反分销网络为我所用、让对手动起来以诱使对手露出破绽，在这三次战役中，强势品牌的弱点都被银麦抓住并转化为撬动对手的支点。银麦之所以能够抓住对手的弱点，并能快速致胜，多次以弱胜强，在于其具备良好的市场洞察力、指挥决策能力，以及快速的执行力。这种灵活的策略能力和快速的行动能力，与银麦的市场环境有很大关系。

银麦公司位于沂蒙山区的蒙阴县，地理位置偏僻，一方面要面对人才、资源、观念、运输等条件的先天不足，另一方面还要面对省内激烈的啤酒市场竞争。为了扬长避短，银麦从建厂开始走的就是市场化的路子，“不管白猫黑猫，抓住老鼠就是好猫”一直是其衡量员工业绩的标准，这使银麦的一线人员始终在刀刃上过日子，“不是策略的策略”、不拘一格的营销方式，因此脱颖而出。与此同时，由于银麦位于山区县城，当地就业机会的偏少，使员工没有职业退路，这也是银麦员工在战斗中的拼命精神明显优于职业化队伍的原因。

这种强大的执行力，还根源于机制上的规范化——深度分销系统。这是啤酒行业目前主流的营销模式，指厂家对于终端网络运作有很深的参与、并占据主导地位的一种分销模式。一般由厂家负责业务的人员来管理，涉及网点开发、终端维护、陈列与促销的执行等主要工作，经销商只是负责物流和资金流。这种以执行力为主线的精耕细作营销系统，并不是银麦独有的，银麦只是将其执行的符合企业发展的实际。

传统营销将经销商作为作战平台，深度分销则意味着厂家意志的深度延伸，意味着对经销商权力的剥夺，因此很多厂家推行深度推销时，容易产生跟经销商的对立。在银麦的深度分销体系中，经销商与厂家的业务人员各有定位：企业营销人员是市场的“神经中枢”，负责在前方开拓和维护网点；经销商是“搬运工”，是后勤运输保障，负责打货和回款，每个网点对应的配送方只有一个。通过对渠道和厂家的各自定位，银麦把自己的团队和经销商团队融合起来，形成了“大行销”团队，这使银麦在攻击对手的终端时，能够有秩序地迅速到位。

其中，对业务人员执行力的打造，是银麦深度营销的重头。在深度分销体系中，厂家的业务员是攻击和维护终端的主力，通过他们高频率的拜访形成客情，然后通过个性化政策、买赠活动等争抢终端，这是深度分销体系中的厂家都会做的。银麦只是把它执行得很严密——通过早会、表单作业、指标检核、业绩考核等管理手段，掌握终端卖点的销售细节信息，并且一旦出现问题，能够及时修正。

例如，在执行终端促销时，一些地方的营销分支机构费用年年投入，市场却年年不见效益。针对促销费用失控的现象，银麦对终端网点进行准确的分类管理，根据终端类别量体裁衣，采取适当的促销方式，设计出合理的终端“促销菜单”；同时，为防止促销上无节制的投入，银麦还结合终端分类，阶段性地将促销菜单按比例细分到每个店，逼迫当地主管自动对辖区市场做出细致规划，解决促销长期投入不见效益的问题。

银麦业务员强大的执行力，使其攻击性很强，能够对渠道形成深度帮扶，业务员和经销商的配合造就了银麦自身终端的严密，这既给银麦提供了与竞争对手抗衡的资本，又避免让自身的终端给他人以可乘之机。这种执行力，既在一定程度上弥补了银麦的品牌短板，又实际支撑了银麦“品牌跟着产品走”的品牌和营销路线。借助执行力向终端铺货，尽最大努力刺激消费者的触觉，通过消费者品尝后对银麦啤酒品质的认可，形成品牌拉动，这不失为一个节省品牌营销成本的务实做法。

但是，这种忘掉品牌的品牌营销法，是以企业的规模和销量为前提的，而银麦内生式的增长路径——不兼并，不做广告，闷头做终端，靠自身积累滚动式发展的模式，由于远离资本背景，很难给银麦带来规模的迅速提升。因此，这种实用性的以渠道阻击品牌的品牌营销法，难以支撑银麦突破区域性品牌的瓶颈。而未来的银麦啤酒正面临从二线区域品牌向一线区域霸主过渡的局面，如何解决目前这种营销模式的局限性，从其擅长的“步兵式”地面进攻打法，改换成“海陆空”立体集团式打法，是银麦正在思考和探索的方向。

三、怎样打一场精确的营销阵地战

精确的营销阵地战需从全局出发，细节着手，有的放矢地与对手展开营销战，一步一个阵地与对手展开竞争。在企业的竞争中，强与弱并不是绝对的，一个有效的精确的竞争策略加上公司资源的合理配置和使用这些精确的营销策略的运用，往往起到决定性的作用，因为巨人也并非无懈可击。

1989年，Intuit和微软直接碰撞。力量对比是：Intuit公司拥有50名雇员，年销售额1900万美元；微软公司拥有4000名雇员，同期收益8亿美元。挑起争端的原因是微软公司提出的兼并提议被Intuit否决后，微软执意进入Intuit赖以生存的财务软件市场，意图获取“领导性竞争地位”。对抗的结果是：直到1993年，Intuit仍然保有60%的市场占有率而令微软束手无策。Intuit的胜利似乎是不可思议的，因为从资金实力上看，微软放在银行里的现金储备就足够买下4个以上的Intuit（1994年，该公司的市价仅为10亿美元）；从智力储备上看，微软用诱人的股票期权网罗了很多顶尖的软件开发人员，在人员素质以及人员数量上都占有压倒性的优势；对Intuit更为不利的是，从时效性上看其开发的Quicken的Windows版也不如微软参与竞争的产品“Money”。但在这样的强弱对抗中，“小小的Intuit迫使强大的巨人哭着乞讨怜悯。”

寻找市场以及营造局部优势

微软没有最先认识到家用软件潜在的商机，这给予了Intuit生存的机会。该公司把自身定位成为为顾客提供解决财务难题方法的公司，除帮助他们开支票、结算支票簿和支付帐单以外，还提供特别票据和表格等非软件形式的服务，而微软直到1989年才开始意识到自己的失误。在分析Intuit案例时，专家认为，Intuit之所以能够成功，在客观上拥有其他许多软件公司所没有的优势：在发展初期，公司从事的领域与微软并无竞争，处于相互独立的态势；而这种优势并不是偶得的，来自于公司在制定局部优势战略过程中对市场的深刻分析。

Intuit在与微软的竞争中之所以成功靠的是这些成功的营销竞争战争战略：

1. 在垄断者可容忍的范围内经营。当时微软更为关注的是操作系统的开发与推广，各种针对专门用户的软件开发公司多如牛毛，处于一种零散状态，根本无法对微软构成威胁，垄断者的忽略使Intuit公司有充分的时间修正自身错误、获取经验并赢得局部优势。到1989年，Intuit羽翼开始丰满，虽然和微软相比不在一个数量级上，但是公司通过长时间建立的高质量产品声誉、稳固的市场营销网络以及顾客的忠诚构成了牢不可破的进入壁垒，因此Intuit对微软的兼并提议敢于说“不”，然后组织起卓有成效的反击。

2. 发现市场缝隙并抢先进入。1984年家用软件市场的前景并未被大多数软件公司看好，办公软件市场一片混战，对Intuit这类几乎没有资金实力的小公司来说，抢先进入家用软件的风险相较进入强者众多的软件市场风险还是小的多，虽然公司也为冒险付出了几近破产的代价。不过，回顾Intuit的历史，可以说没有抢先策略的冒险也就不会有今日的成功。值得一提的是，中小企业采用抢先进入策略、侧翼进攻策略以及差别化策略都能够减轻强势垄断者的敌意。

3. 追求该领域的顶尖位置。中小企业在产品声誉方面的比较劣势，需要以过硬的产品质量、良好的性能价格比以及服务作为补偿。Intuit从创始阶段就不遗余力地将客户培育作为首要工作，以不断改进产品性能、给予分销商折让和产品降价等方式，有效地占据了60%左右的市场份额，并成为抵御微软的最重要防线。

把营销优势视作立身之本

中小企业在竞争中能够确立比较优势的莫过于顾客的忠诚，而巩固的营销网络是其关键。从这点来看，Intuit的营销策略值得称道：

1. 尽可能提高市场认可程度。1986年，Intuit孤注一掷地将全部财产押在一则广告上，寄希望于市场对此的反响。市场认知即意味着份额。对于中小企业来说，提高产品认知才有可能获得较高的资产回报率，品牌忠诚带来了价格敏感程度的下降，从而部分减弱了中小企业规模不经济的影响。

2. 挖掘市场潜力。在Intuit意识到利用银行营业厅展销软件的创意并不能奏效时，果断地改变了销售方式。公司分别尝试了多种方法，最终建立起传统的电脑和软件专卖店、零售商店、仓储俱乐部等多种销售渠道，并以零售商店作为主要的销售体系。Intuit在建立销售体系时考虑到：尽管传统电脑和软件商店直接面对购买对象，但销售商占据的有力侃价位置将削减公司产品的利润；而零售商店出于增加产品门类的需求而减轻了供货方的不利。同时建立一种新型的营销方式往往等于创造了一个新的市场。可以说，正是Intuit首创的零售商店销售模式为公司在激烈的市场竞争中奠定了胜局。在零售市场中，其顾客群往往要比专业人士（电脑与软件商店的常客）在购买上更具有冲动、随机性。Intuit在认识到该市场的潜力后，即将其定义为主要销售市场。中小企业寻找赖以生存的目标市场，应尽可能将着眼点更多地放在潜在的市场发现中，而不是在争夺公开市场的正面交锋中消耗有限的资源。

3. 将营销网络的利益与公司的利益一致起来。生产者与分销商松散的结盟会降低企业的竞争力。实力决定了中小企业无法通过自建广泛的营销网络获得尽可能大的市场份额，因此，将经销商的利益视作公司利益的一部分，才有可能使结盟关系变得更为坚固。1995年，Intuit的顾客感觉受到愚弄，因为公司提供的直接订购价格几乎两倍于零售商店的标价，Intuit的意图在于：

（1）顾客将因为价格而进入商店购买，客流将为零售商带来更多的利益；

（2）因为零售商店的随处可得而使客户的抱怨仅仅停留在嘴上，不会造成客户流失的危险；

（3）产品在商店的装卸和销售过程将是一个展示产品重要性的绝好机会。公司利益的让渡换来了经销商数量的上升，并且也成功地将库存转移到零售商店的仓库里，降低了产品的成本。

保持核心竞争力是取胜的关键

对不同的企业，核心竞争力的涵义是不同的。Intuit在财务软件设计方面的经验和技术使微软在竞争中屡屡处于被动，更为可贵的是公司的经营管理层在先前就意识到保持核心竞争力对于获得市场份额的重要性。

1. 提高资源集中使用度。1989年，Intuit高层经理建议公司兼并一家生产个人财务组合程序逻辑补充的所得税软件，而当时公司已经从1985年濒临破产的境地发展到一个年销售收入1900万美元的中型公司，并且主导产品Quicken在个人财务软件市场占有相当的优势。但提案被公司否决，理由是公司在现阶段应全力以赴保障Quicken地位的巩固。事实证明公司的决策是对的。对于资源有限的中小企业来说，快速发展过程中的通病是陶醉在市场乐观的销售现状中，然后将获取的收益冲动性地再投资，企图不断依靠产品线的扩张及早完成原始积累。而事实上，销售强势意味着竞争加剧的开始，初始的超常收益只不过是抵御日后市场竞争的应付成本。只有像Intuit一样能够清醒认识到这一点的，才有可能通过不断对核心产品的投入在市场上持续发展壮大。

2. 核心能力必须成为最强。正如“田忌赛马”，客观上中小企业在大多数方面都无法与垄断者抗衡，因此营造相对强势对这些企业来说至关重要。从表面上来看，微软拥有编程队伍的“豪华阵容”，但就个人财务软件领域来看，Intuit却具有绝对的发言权：1994年，Intuit有1000多名雇员专职于个人财务软件和相关软件研究，微软专门从事该领域的仅60人左右；而Intuit在个人财务软件开发方面多年积累的经验也是微软所不具备的。微软用于挑战的Money软件由于设计人员的经验不足导致设计周期过长，Intuit就利用经验的优势缩短升级产品的推出周期来打击微软。虽然Quicken从属于微软Windows更新版本的地位没有改变，但是产品对Money竞争的胜利使这种从属性的不利影响降低到最小。

从Intuit的成功案例中我们可以得到以下的精确营销策略：

中小企业的产品特征，是将自身与外部竞争者区分开来的凭借，也是能够取得生存空间的决定性因素。

为取得强势的竞争地位，应全力以赴，甚至以冒险的策略，使有限的资源使用效率达到最大化。

对垄断者而言的市场缝隙可能就是中小企业赖以生存与发展的基础，在此空间中生存必须做到最强。

在市场竞争中，最先考虑的是构筑和巩固防御壁垒，避免因挑战者介入而使企业发展的延续受到冲击。

尽量避免与垄断者正面交锋，直到成为所从事细分市场的最强者。

四、取胜与否，动力最终来自自己

企业营销成功与否，与我们的心态及努力程度相关，不论成败，动力最终还是来自自己，取决于自己的努力程度及努力状态。

九味参蓉的成功

时间追溯到2005年底，一个名为九味参蓉胶囊的产品开始在几个市场迅然火爆。到2006年初，在陕西、四川、湖南、江苏、浙江、新疆等全国10多个省会级城市达到空前风靡，真正出现了排队等候购买和断货的现象。据其公司的内部人士透露，在热销一年多的时间里，如果按照市场零售回款计算，销售额保守估计在5个亿以上。这一产品也成为当年医药保健营销界的一匹黑马。

九味参蓉胶囊火爆销售的现象一直持续到了2006年的年末，他是继2002年张大宁回春如意胶囊之后，蒙派补肾壮阳产品营销的又一典范。

更值得一提的是它开创的讲座访谈式电视广告片模式被后

来众多产品纷纷效仿，这一模仿也一直延续了近三年的时间，时至今日还有不少产品在效仿使用，但很少有人真正了解这看似平常的广告片威力为什么会如此之巨。

在平面媒体价格急速飞涨，效果却直线下降的今日，电视广告片越来越受到许多医药保健品商家和操盘手们的重视与青睐，可以不夸张地说如没有一部卖货的广告片，炒作类产品就很难卖火。但如何给自己的产品量身定做广告片却并不是一件容易的事。

九味参茸胶囊的广告片之所以下货能力巨强，主要源于它在市场一线运作的基础上，弥补和解决了市场操作遇到的棘手问题，拍摄了一部从两个方面都具创新性的电视广告片，同时也巧妙地占尽了天时、地利、人和等资源优势，从而一炮走红。

1．形式创新：开创了讲座访谈节目类专题形式。

九味参茸胶囊为什么要采用这样的形式呢？原因有二：第一，九味参茸胶囊并不是一个新产品，早在2003年底的时候就上市了，但销售却并不尽如人意，一直不温不火地持续销售了近一年半的时间，在这一年半的时间里，操盘手积累了许多消费者对产品的诸多看法和购买前的疑虑，这些问题是影响消费者购买的关键，这些问题只有很好地得到解决，才能让购买顺理成章。经过整理归纳后，发现影响购买的主要因素有八九条，要把这些问题一一解答阐述，在短时间内是无法完成的；其次，原来传统的电视广告片模式对于广大消费者来说，已经产生了审美疲劳，只有不断开创讲座访谈类节目的形式，才能很好地让消费者感到耳目一新。甚至有些观众看到片子感觉是一档类似于《健康之路》的访谈节目，能认真地看下去。同时在不知不觉中把要阐述的问题全部阐述清楚。

2．风格创新：著名相声演员主持＋真实权威专家＋现场观众互动

为了能吸引更多消费者的眼球，起用了著名相声演员刘伟担任访谈的主持人，增强了节目的看点，同时相声演员幽默诙谐的语言，能让观众（消费者）轻松地收看，不枯燥，访谈的节目形式还增加了可信度，可谓恰到好处。

以权威专家来解答现场观众的提问，这很容易让在收看电视节目的观众产生强烈的信任感，三位真实的著名医学专家，更能让消费者对其加深信任，只有信任才能坚定购买的信心。

九味参蓉胶囊的成功取决于企业找到了市场的契机，找准了突破口，然后经过不懈努力，终于实现了产品营销的成功。

可采的成功

可采化妆品作为一个以小投入、大产出的化妆品品牌，在极短的时间内席卷全国市场，销售一片火爆。

“可采”是护理眼部肌肤的。在现代大都市，黑眼圈、眼疲劳、眼袋与鱼尾纹一直是爱美女士的烦恼，各种眼霜、爽肤水、睫毛膏的涌现，无疑让护眼市场更加热闹。几乎所有的眼部护理品都在诉求保湿、补充维生素C、E。“可采”却从中药调理入手，独创汉方“养眼法”概念，以多种中药植物科学配比而成，完全从保健的角度切入市场。显然，中医理念国人更易接受，加

上“可采”独特的营销方式，爱美的女士不动心才怪呢。

“可采”上市，带有浓厚的保健品味道，按照保健品的营销方式做化妆品市场，多少有些新鲜感，而且消费者的防御心理也降到最低点，有效回避了保健品行业的信任危机，功效可信度反而更高。

在化妆品领域，广告软文也越来越流行了。在各地媒体上大做文章的索夫特、丁家宜，运用保健品的软文营销炒概念，让不少女性感动了一回。“可采”成功的关键，实质上就在于它借用了保健品最基础的功效、最核心的概念与最实在的营销，以软广告的宣传方式，在媒体上频频出击，效果不同凡响。“可采”眼贴膜融新闻炒作、中药科普为一体，以传统理论为基础，诉求平复眼袋、消除黑眼圈、鱼尾纹等功能，将内外调理原理，以新闻、功效软文相结合的方式，在《新闻报》、《申江服务导报》、《新民晚报》等报上作适度宣传，犹如一支新秀，短期内令品牌脱颖而出，也打动了不少爱美女士的芳心。

“可采”的包装以名贵中药植物为主体，给人以纯粹的保健品印象。并按中医原理提炼产品理念，利于突出产品的功效，区别于传统的化妆品模式，给人耳目一新的感受。建立一套科学的功效理念，深入浅出地讲明产品机理，让消费者一目了然，很容易刺激购买行为。

在今天的市场环境下，如何寻求新的营销之路，是众多企业面临的问题。其实不论做什么产品，只要摸索出一款自己独特的营销策划，再运用组合思维、另类营销，必然会胜利在望。

第四章

营销阵地战的进攻战略

一、塑造与复制进攻对手

市场竞争中，把自己的工艺技术、自己的管理优点严实捂住，对于企业自身而言，是得不到发展的，加强与同行间的交流、学习、分享，才是自身发展以及行业发展的最佳方法。

北京门展上赛斯自曝生产工艺，现场将“快速生产室内门”的行业宏观愿景呈现在所有同行面前。这一举动让人百思不解，因为这是在复制竞争对手，其行为举止无异于“自杀”，赛斯究竟想做什么？是赛斯颠覆了行业的固有模式，还是行业需要新的内容来填充？

赛斯喊出了“帮您赚钱，教您建厂”的响亮口号。授人以渔授得如此彻底，从设备、技术、材料到渠道建设的全程指导。

“享受德国木门成果，惠泽全中国”是赛斯的初衷，也是其企业坚持多年的力量源泉。赛斯家具有限公司董事长李令军说，将全套制门工艺推广出去绝非一时念起，早在10多年前，他第一次去德国，就被德国这种先进、环保的制门工艺所吸引，并果断地以300万的技术转让费用拿到了其在中国的使用权。随后的日子，即是赛斯潜心研究、改进、创新并推广的过程。

市场证明，赛斯是极具长久战略眼光的。十年间，赛斯的产品由最初的室内门生产到如今的包括地板、橱柜、卧房家具等在内的集成家居体系，受众人群从最初的创立地沈阳现已遍及全国并远涉重洋。

赛斯最初的想法很单纯，只是想将这种工艺推广出去。但是由于市场没有成功案例，故而很多人不愿尝试。赛斯的成功算是一个意外的收获，强烈的市场需求让赛斯欲罢不能，一做就是十年。

合作——激发新营销模式构思

很快，这项工艺技术就被发挥得淋漓尽致，赛斯产品也得到了市场检验，成为最有说服力的例证。虽是如此，将这种工艺推广出去，让更多消费者受惠其中，这个想法在赛斯人心中一直没有放弃。

前些年，全球金融危机向实体危机演变，作为实体经济之一的木门生产企业也难以独善其身。很多油漆门企业打算拓展免漆产品以应对市场的变化，这时有企业主动找到了赛斯，想要其协助建厂，赛斯欣然相助，毫无保留，甚至没有收取一分技术转让费用，其胸襟令人钦佩。

后来，这个企业快速在市场中打出一片天地。这个成功案例也给了赛斯新的启示。赛斯人说，目前一些企业和经销商的生存都面临着挑战，何不将自己这些年的经验做成一个系统总结，并形成一套新的营销模式，帮助那些想上免漆产品的企业快速建厂，而且这样还可以将这项工艺技术推广出去，实现企业的快速扩张。于是，北京门展上，出现了文前的一幕场景。

速度——迅速满足客户需求

当下，现实建厂虽是很多人的理想，但巨额的投入却使绝大多数人望而却步。在与赛斯的沟通中，人们的感觉却是：原来有人帮你建厂，真的很简单。

赛斯“帮您建厂”的原则是低投入、高回报。无论你投资10万还是投资100万，均可收获相对比例的回报。用赛斯人的话说，就是大有大的建法，作坊有作坊的方案，产品涉及所有木制建材、家具，装修解决方案，从生产到成品一周搞定。

速度经济的实质就是迅速满足顾客需求而带来超额利润的经济。可以预见：不远的将来，当速度成为竞争中起决定性力量的时候，以速度打击规模、以速度利润战胜规模利润将会成为衡量企业核心竞争能力的重要指标。

复制——壮大同盟队伍

当下的很多企业都较保守，别说技术工艺，在门店上就张贴着“行业人士不得入内”，处处提防。其原因就是害怕别人分享自己的成果。在他们看来，赛斯此举无异于“自杀”。

对此，赛斯给出这样的解释，他说：处处提防保守，最终的结局就是陷入孤立的境界。最后只能眼睁睁地看着自己的成果被市场淘汰。赛斯不排斥对手，不过是用一种寻求双赢的思路来看待对手，他认为，用他技术的厂家越多，人们对这种工艺的产品认可度就越高，自己的业务就越好。

市场的竞争绝对不是产品间的竞争，归根结底是品牌的竞争。赛斯能给的只是一个框架，具体风格的演绎、品牌的塑造还得由企业自己来完成。从这个意义上讲，赛斯不是在复制竞争对手，而是在壮大自己的同盟队伍。

松下复制中国竞争对手经验

进入中国整整32年的日本企业松下电器，一面瘦身减负，一面自省。中国式经验正在被其复制到全球市场。

100美元抛售

2009年12月3日，松下将其位于北京的松下彩色显像管有限公司的50%股权以100美元价格转让给京东方。松下彩管隶属于MT映像显示株式会社。此后，原松下彩管由中外合资企业变更为内资企业，松下将失去对该项目的控股权。

京东方表示，此次受让是鉴于CRT被LCD替代的趋势，导致北京松下显像管公司主营产品市场急剧萎缩，以及松下彩管日方股东在战略上退出CRT行业等原因。但松下在显示行业有20年的历史，拥有丰富的行业、市场、客户、管理经验和人才优势，完全有能力快速实现产业转型。

有业内人士说：“100美元的价格还是看在松下的厂房和土

地资产上，CRT设备折旧后卖不了很多钱。”

北京松下彩色显像管公司对松下来说意义非比寻常。1987年，松下作为第一家进入中国的日本公司，即从这家彩色显像管公司开始。如果说彩管行业的被迫放弃，来自于整个CRT行业的衰落，那么过去一年连续3个季度的亏损，则让松下不得不重新定位自己。

2008年的前三个季度，松下迎来了三个亏损，2008年第四季度亏损4443亿日元（约合249.9亿人民币）；2009年第一季度，亏损530亿日元（约合41.7亿人民币），到了2009第二季度，亏损依然高达469亿日元（约合36.9亿人民币）。

与其他日本公司一样，开始松下将业绩下滑归结于日元走强和金融危机双创。当第三个亏损季来到之时，松下不这么看了，它开始反省自己的产品与市场战略问题。

松下中国公关部向媒体宣称，松下要重新调整战略，在日本以外的市场推出多款超低价白电产品。

2009年，松下决定向印尼市场推生产单价为170美元的冰箱。并计划2010年以这一项目为蓝本，在印度、中国、巴西、墨西哥、土耳其和尼日利亚等国，生产一系列廉价的冰箱、空调器、洗衣机和电视机。

“松下正在调整产品结构，这并不是说要制造廉价的电器，而是我们基于对市场的细分后，针对不同需求层次的人群生产相应价格的电器产品。”松下中国公关部负责人说。

在最新的规划中，土耳其、中国、墨西哥、印度尼西亚、尼日利亚、保加利亚、克罗地亚等都会成为2010年的首要战场。而这些新兴市场都将复制中国经验。

昔日学生今对手

松下公司目前几乎涉及中国所有的家电生产领域，中国主流的家电企业都有向松下学习的历史。今天，这些过去的学生正在成为松下的对手，并使其不得不低头向后者学习中国式经验。

1987年，邓小平访日，与有“经营之神”美誉的松下幸之助相谈甚欢。回国后，即提倡引进日本企业。这样，松下以第一个入华的日企身份来到北京。彼时，也正值松下牌冰箱、洗衣机、空调等白电产品以稳定的性能、优异的品质从日本向全球市场蔓延。

到了上个世纪90年代，人们以拥有一台松下“画王”电视而兴奋。中国的企业家们，更是将松下幸之助奉为自己的老师。海尔文化当中的“日清日高”，即每天清理完自己的工作，每天提高一点，就是张瑞敏学习松下的产物。TCL的家电产业布局亦有松下的影子。而美的集团更是将松下的小家电技术发展到淋漓尽致。

中国企业家们把强调制度、细节和风险的松下式管理经验，拿为己用。以至于，当时市面上印制粗糙的盗版书《松下幸之助经营管理全集》也很畅销。

然而，当中国企业生产出质量类似而价格便宜得多的产品之时，松下的销售量遭受了重创。在中国的投资额超过7.5亿美元，拥有超过50家独资、合资企业，员工人数3万名。面对着中国这块千万台冰箱的巨大市场，松下的市场表现却没有与其庞大的投资成比例。

2000年前后，松下高层一行人马踏上顺德的土地，想要看看这些中国企业到底凭什么能够取胜。当走到民营企业美的集团时，松下被其高效而灵活的机制所打动。美的一位人力资源负责人说："当时松下看到美的充满活力，而自己创立的终身雇佣制正在成为效率的绊脚石。他们对我们的制度非常羡慕，但是想要废除终身雇佣制不那么容易。"

终身雇佣制是由创立于1928年的松下公司提出的。其创业者松下幸之助提出："松下员工在达到预定的退休年龄之前，不用担心失业。企业也绝对不会解雇任何一个'松下人'。"这样一来，企业可以确保留住优秀的员工，员工也可以得到固定的保障。然而，当经历过二战后的恢复期，这种稳定的温暖文化使松下效率低下。

同时，松下发现，该公司经营单位的组织体系是由商品划分的事业部来构成的，这造成了松下集团内部在中国出现很多重复投资、经营分散的现象。2001年，排除万难，松下废止了其一手创立的事业部制和终身雇佣制。

反省和复制

表面上看，松下与其他日本企业一样，被冠以高科技的代名词。实际上，对于独创性的产品和技术的投入却总是比竞争对手显得缓慢。在日本同行中，松下公司甚至有“模仿公司”的谐称。松下的专长并不是与日本同行拼技术。日本先后推出晶体管收音机、收录机、彩电、冷气机、电炉等，均非松下公司首创，而当时，松下电器公司的产量和销量却常常做到最大。日本人常常用“技术的索尼，经营的松下”来概括这两个企业的特点。

有人向松下的管理层提问：“您是否认为制造高价产品的技术水平就高，制造低价产品的技术水平就低？低价产品只需要转用高价产品的制造技术就可以轻松地制造出来？”

日企非常喜欢高附加值产品。当谈到制造低价产品时该怎样利用最尖端的技术，日本企业很难回答。在其脑海中，低价产品代表着“技术水平低下，偷工减料”。

在中国市场的战斗经验，使松下管理层深思，白色家电很难依靠单纯的技术取得市场。过剩的技术给一台简单的电器赋予了太多的功能，因此提升了售价，却降低了在海外市场的竞争力。

而既降低价格又富于高技术才是在海外市场竞争的利器。这也正是松下幸之助所倡导的“自来水哲学”。“秉承着自来水哲学，就是要以所有人都能接受的价格，打开龙头为消费者提供出不可或缺的丰富的产品，满足人们的需求。”松下公关部人士对媒体如是说。

松下高层认识到，面向新兴国家市场的电器必须能够同时实现庞大数量和超低价格。也就是说，价格竞争无法回避。要想在新兴国家市场上称雄，需要找到能够最大限度降低器件价格的方法，这更考验智慧。为了降低成本，从2007年以来，松下开始将其在日本的制造业基地向中国、印尼、印度、墨西哥等新兴市场国家转移。到了2008年，在中国的杭州，松下洗衣机厂、洗碗机厂等相继建立，无锡还建成了松下的压缩机生产线，江浙地区已经成为松下目前最大的家电制造业基地。

反省和改革过后，松下率先在日企中打出“超级性价比”的旗号。2007年，松下向中国推出战略性商品。“所谓战略性商品，通俗点儿说就是低价商品。”

松下电器中国区一位负责人解释说：“当然我们的目的不是低价，而是想通过这种更具竞争优势的产品来确保中国市场的胜利。称其为战略性商品，主要是为了突出这类产品对于我们全球战略的重要性。”

松下推出的第一个战略性商品就是上海微波炉厂出产的微波炉，零售价仅为人民币398元，较同一款式的上一代产品便宜37%。这将是一场应对中国市场价格的持久战。之所以说是持久战，是因为中国是最大的生产国、最大的消费国、最大的出口国。在中国市场失败，就会在全球市场败北。

在经历了巨大的亏损之后，松下重新学习中国对手的经验，并将此复制到全球。

塑造和复制竞争对手给自己机会的同时也给竞争对手机会，在竞争中使自己更强，保持一种积极的竞争心态，这样才能让企业立于不败之地。

二、主动出击，打对手一个措手不及

主动出击，争取市场主动权，抢占市场优势，从而在营销竞争中占据领先地位，打对手个措手不及。

美国的企业界有这样一句话："如果一家公司的员工没人配备'黑莓'，这家公司的业务可能也好不到哪儿去。"从企业到个人，很长一段时间以来黑莓在北美都是绝对的智能手机第一选择，即使功能曼妙的iPhone也让绝大部分人难改初衷。

在美国发生的状况不是个案。RIM制造出了著名的黑莓手机，在过去10年中占领了全球4600万商务人士的口袋。然而，这样一款颇受世界人民喜爱的手机却在中国遭遇了困境。在与中国电信合作前，进入中国4年的黑莓，通过与中国移动合作开拓企业市场，仅推出过三款旧机型，销售不过数万部。另一方面，数以十万计的水货市场却尤为繁荣。此外，模仿者们不停出现，无论是移动曾经推出的PushMail还是尚邮等等，都号称是"中国的黑莓"，来博取移动电邮客户的关注。由此种种，原因显然并不是中国人民不喜爱黑莓，也并非中国企业不需要移动电邮服务；除了黑莓，包括诺基亚、谷歌平台手机，以及iPhone三大智能手机均快速且生猛地进入了中国市场。这究竟是因为什么？

问题的症结被指向了黑莓在中国的合作伙伴——中国移动。通过转嫁营销压力给本土电信合作商，RIM并不亲力亲为地去了解每一个国际市场，而专注研发。这家目标明确的美国公司在中国也采取了同样的做法，却遭遇水土不服。其合作伙伴中国移动的做法难以让用户接受，为推行自己的139邮箱，移动坚持将黑莓终端与邮箱服务在价位上定位超高端，但在企业客户方面的营销与服务能力却羸弱不堪。未能选择贴心的合作伙伴，黑莓在中国的发展不痛不痒。

对于RIM早在2002年就开始开拓的全球业务而言，中国市场无疑是一个“中国结”，可以很美丽，也容易很纠结。

随着全球四大智能手机悉数落户中国，RIM意识到，这里孕育着无限商机，如果再不主动发力，也许就将永远错过这个已被无数次称为“最具潜力”的市场。于是，黑莓开始四年来第一次主动为中国市场变换招数，放弃将鸡蛋完全放在运营商篮子里的做法，在中国重新进行战略布局。2010年7月，拥有丰富IT渠道资源及管理能力的神州数码被宣布成为黑莓在中国的一级代理商，除了向RIM在中国的两家运营商合作伙伴供给货源，更重要的任务是向全国各零售渠道销售黑莓从软件到硬件的全线产品，一并提供售后及服务支持。7月底，RIM在北京大悦城开设了中国内地第一家黑莓零售体验中心。RIM中国区市场总经理对外公开表态，黑莓在中国将正式开启从企业到个人的用户模式。尽管这一模式在成熟市场国家已大获成功，RIM公司认为是在中国进行沿袭的时候了。

机构扩张显示其雄心。近期，RIM中国公司传大肆招聘的消息，在一个月放出30多个职位。以前的中国代表处已经升级为分公司，除了北京总部之外，上海、广州还设立了分支机构。RIM中国区从亚太区中被单独剥离出来，直接向全球总部汇报。在RIM公司已经披露的计划中，下一步将在中国投资建设生产基地，并加大在研发方面的投入。

沉闷多年之后，黑莓手机看起来将在中国进入新局面。

第三方销售

黑莓在中国的一个特殊境遇是，售前与售后服务并非全部由合作伙伴运营商来提供，甚至连终端也非完全由运营商来营销推广。与其他任何一款智能手机不同，要成为黑莓用户，拥有一部黑莓手机仅仅是开始。利用专门架设的服务网络，能将各类信息如邮件、办公数据、黑莓用户共享的即时通讯工具BBM发出的消息等，安全、保密、准确地传送，才是这种看上去又黑又酷的手机的最大价值。为了实现这一价值，黑莓过去一直把运营商当成唯一的销售渠道。

但如果问已经使用黑莓业务的公司CIO，谁是你们BlackBerry业务的客户经理？这个公司的CIO可能会给出一个行业外从未听说过的公司名。往客户那里跑得最多、电话最勤的，不是移动的客户经理，也不是RIM公司的人，而是拥有黑莓业务代理资质的第三方本土软件公司（SI）。

移动在2008年之前并未将黑莓纳入KPI考核标准，因此各地移动公司都不重视这一业务，往往通过商业合作伙伴来做市场拓展与技术支持。移动此前将业务的技术支撑交予了中国移动卓望信息技术有限公司。这个移动的子公司，经营着手机报、飞信等移动的数据业务，同时也负担着各个省市的BB业务的技术支持工作。即使他们什么都不做，也可以从移动的资费中分得蛋糕。因此，一方面囿于资源有限，另一方面也乐得清闲，卓望自身也愿意让这些SI成为其下游合作伙伴。

于是，嗅觉敏锐的本土软件公司，依靠着运营商或者RIM、卓望的各种资源，迅速成为最有效的推广工具并赚到了钱。这样的公司数量并不多，在中国专门从事BB业务代理的公司仅有10余家，他们的销售方式比运营商要灵活许多。在中国移动引进黑莓业务初期的2007年、2008年，正是这些在当时并不知名的小公司为黑莓业务的推广做出了很大贡献。

然而并不总是相安无事。在运营商竞争日趋激烈的背景下，移动公司开始担心代理商们面对中国电信的诱惑，是否能够坚持和移动站在一起。这样的犹豫让一些地区的移动公司试图收回黑莓业务代理商的资质，转而依靠集团的客户经理来拓展市场。不过目前看来没有这个必要，中国电信对自身的政企客户部的市场能力颇为自信，并不打算拿出资费中的一部分来招募代理商。

但显然黑莓在着力补齐自己的官方服务体系。经过RIM公司亲自培训，神州数码将为用户提供完整的售前、售中、售后服务支持。

RIM将重点与中国移动合作推出黑莓个人及中小企业业务，而将企业大客户业务中心赋予了在该方面具备较强资源优势的中国电信。

从企业走向个人

在国外RIM拥有4600多万用户，包括大学生、公司职员、管理层、政府客户和公务员等。在北美市场，让黑莓真正成为明星手机的并不是企业客户，而是那些疯狂簇拥它的个人粉丝。为了打造黑莓炫酷时尚的个人用户品牌形象，追求安全简单产品性能的RIM甚至重金聘请好莱坞明星为其代言。

在中国，作为个人业务的试点，广东移动率先针对全球通用户推出98元和108元两档黑莓业务套餐。

借助与神州数码的合作，RIM在中国的业务一夜之间就插上翅膀，实现了从运营商销售到零售渠道的全覆盖。作为黑莓的中国大陆总代理，神州数码从墨西哥提货，通过香港进口到大陆市场。黑莓市场渠道的开拓和售后体系的搭建都由神州数码负责。由于黑莓更多地基于为用户提供移动办公解决方案，所以，相比较于销售手机终端，黑莓的服务体系要复杂得多，需要整合各方力量。因此，神州数码选择与中国电信和中国移动合作，发挥各自特长。

但目前，不管是RIM中国公司还是神州数码，都无法回答黑莓在中国的用户定位问题。显然，此前无论是中国移动还是中国电信手中的黑莓，价格过于高端。如今进入个人用户市场，黑莓需要重新对用户进行定位。

以上只是黑莓在外部姿态上的改变。要使中国个人用户真正接受黑莓，不是一个安全的移动电邮功能就能搞定的。有着来自谷歌、苹果等多家追求炫酷手机应用功能的强劲竞争对手，有人认为黑莓现在进军个人用户市场，时机并不那么恰当。

当有着无可比拟业务优势的手机解决方案提供商RIM，开始主动对中国市场做更多普适性拓展时，最好的结果是，黑莓就此解开了“中国结”，不仅为中国用户提供了更多明星手机选择，也为中国3G数据业务发展带来巨大利好。

黑莓手机的进步，得益于黑莓市场定位心态的转变，从被动营销到主动营销，以市场为导向，主动出击，开辟一片新的市场。被动只有落后挨打的份，这个道理谁都懂，然而市场经营中，真正能够看得准形势，主动出击的例子，却并不是太多。主动出击并不一定全都能成功，然而不主动出击只能分得市场中的残羹剩饭。

三、运用新奇手段，制造轰动效应

企业家最可贵的就是赚钱的创意。现代的市场，是最需要创意的市场。这种创意往往来自于“换个方式”思考问题。响当当的企业家都是创意的天才。如果你有了创意，可不要轻易放弃尝试的机会，说不定你的成功就在此举。

意想不到的打1折销售

商家打折大拍卖是常有的事，人们决不会大惊小怪。但有人能从中创意出“打1折”的营销策略。实在是高明的枯木抽新芽的创意。

日本东京有个银座绅士西装店。这里就是首创“打1折”销售的商店，曾经轰动了东京。当时销售的商品是“日本GOOD”。

具体的操作是这样的：先定出打折销售的时间，首次打9折，第二天打8折，第三天第四天打7折，第五天第六天打6折，第七天第八天打5折，第九天第十天打4折，第十一天第十二天打3折，第十三天第十四天打2折，最后两天打1折。

商家的预测是：由于是让人吃惊的销售策略，所以，前期的舆论宣传效果会很好。抱着猎奇的心态，顾客们将蜂拥而至。当然，顾客可以在这打折销售期间随意选定购物的的日子，如果你想要以最便宜的价钱购物，那么你在最后的那二天去买就行了，但是，你想买的东西不一定会留到最后那两天。

实际情况是：头天前来的客人并不多，来的顾客也只是看看，一会儿就走了。从第三天就开始一群一群地光临，第五天打6折时客人就像洪水般涌来开始抢购，以后就连日客人爆满，当然等不到打1折，商品就全部卖完了。

那么，商家究竟赔本了没有？你想，顾客纷纷急于购买到自己喜爱的商品，就会引起抢购的连锁反应。商家运用独特的创意，把自己的商品在打5、6折时就已经全部推销出去。“打1折”只是一种心理战术而已，商家怎能亏本呢？

新货“新”创意

对买新产品的商家来说，最吸引顾客的无非是“新”，如何再在“新”上继续做文章呢？

意大利有个莱尔市场，就是专售新产品的。有些新产品很畅销，许多顾客抢着购卖，没抢到手的，要求市场再次进货，可得到的回答竟是：很抱歉，本市场只售首批，卖完为止，不再进货。

对此，有些顾客很不理解，还向旁人诉说。但从此以后，来这里的顾客中意就买，决不犹疑。不难看出，莱尔市场的“割爱”是个绝妙的创意，它能给顾客留下强烈的印象——这里出售的商品都是最新的，要买最新的商品，就得光顾莱尔市场。

这真是“新”上创新的创意！

明亏暗赚术

日本松户市原市长松本清，本是一个头脑灵活的生意人。

他经营“创意药局”的时候，曾将当时售价200元的膏药，以80元卖出。由于80元的价格实在太便宜了，所以“创意药局”连日生意兴隆，门庭若市。由于他不顾赔血本的销售膏药，所以虽然这种膏药的销售量越来越大，但利润却越来越高。

那么，他这样做的秘密在哪里呢？

原来，前来购买膏药的人，几乎都会顺便买些其它药品，这当然是有利可图的。靠着其它药品的利润，不但弥补了膏药的亏损，同时也使整个药局的经营出现了前所未有的盈余。

这种“明亏暗赚”的创意，以降低一种商品的价格，来促销其他商品，不仅吸引了顾客，而且大大提高了知名度，有名有利，真是一举两得的创意！

限量刺激营销

日产汽车公司推出一种被称为“极具浪漫风采”，名为

“费加洛”的中古型桥车。日产公司在新闻发布会上宣布：这种车只生产20000辆，保证以后不再生产这一车型。将在一定时间内接受预订，然后抽签发售。消息传出后，在全国引起轰动。前来申请的人超过30万，能中签买到车的人当然欣喜万分，没有中签买到车的人千方百计去搜索二手车，令二手车的行情比原价高出1倍多。

这种限量刺激的创意，无非就是使市场上出现一定的“不饱和状态”，利用消费者“物以希为贵”的心理，来刺激购买欲。这是反向思维的创意。

空手道预约

日本的角荣建设银行董事长田式美是一位能够赤手空拳闯天下的人物。

他相信世上有“没资金却能赚大钱”的生意，就用心寻找，竟想出了一套“预约销售”的方法。

这办法说来很简单。比如，有人要买某栋楼，他就先找到买主，同他商量：“那栋楼约值一百万日元以上，主人现有意八十万脱手，请你买下它，保证两个月内可赚一成！超出一成利润时，超出部分由我得，如赚不到一成时，我赠你一成利润。”等买好后，他便代其销售。他往往能以相当于买价两倍左右的价格脱手。

对买主来说，两个月就有一成利润，比银行存款利息高得多，而且安全可靠。田式美做这项不要本钱的生意，确实有一套。他本来一无所有，经过十年奋斗，竟成为日本有名的建筑企业家了。

顾客提出意见奖励3块

一般饭店酒家的经理和厨师，如果听到有食客对上的菜提出意见，心里就总不是个滋味。是顾客对菜过于挑剔呢？还是师傅技术水平问题？在山东有一家饭店，开业的第一天，就在门口竖起一块招牌，敬告消费者："凡是来酒店用餐者，对本店的服务态度、卫生、饭菜质量一切都感到满意而提不出意见者，加收3元，若能提出意见，则奖励3元。"这一手段很奇特，吸引了很多顾客，每天食客满坐。头1个月，这家饭店共花掉了5000多元的意见费。顾客提了意见，奖励给他们3元钱的同时，饭店也立即改正。这样到了第2个月，形势逆转，人们反而主动交了累计560元的"罚款"，再也提不出意见，挑不出毛病了。他们交"罚款"时高兴地说，只要饭菜可口，服务到位，干净卫生，多花3元钱也值得。

面馆挂出百年老执照

在南京后宰门，有一家晋阳村面馆。虽不招眼，每天却是人满为患，成了的士抢客的好去处。小老板游思东说："百年执照店堂挂，不愁食客不好奇！"游老板乃面食之乡山西人也，有手祖传的做面食技艺。当年游老板到南京后，发现现在的饮食业，关系网很复杂，仅凭手艺能否打开市场还很难说。

这时他的妻子献上一计："城里人好猎奇，何不把珍藏的百年营业执照拿出来使使。"原来该执照是游老板老祖宗光绪年间开面馆时用的，有玻璃板大小。字迹和公章清晰可见。游老板欣然采纳此计后，很快便出现奇迹。人们得知该面馆挂有百年执照，便抱着好奇心赶来，并顺便吃了碗擦圪斗。其咬劲十足，果然名不虚传。人们口口相传，还介绍自己也爱猎奇的朋友来。

饭店起名"社会主义好"

在沈阳市和平区河图街上有家便民饭店，起了个别致店名——"社会主义好"。饭店价格便宜，菜肴实惠，从而吸引了附近很多居民就餐。据店主介绍，他全家多亏党组织的关怀，才过上好日子，因此，开的饭店便起了这么个名。用餐者说，第一次进此店就餐是受店名的吸引，吃过饭菜后感到物美价廉，就成了回头客。店主也信心十足，正筹资开一家中等规模的饭店，店名仍叫"社会主义好"。将来真干大了，还要办"社会主义好"连锁店。

存酒"存"住回头客

山东济南市有一家餐馆，开业后生意很一般，可老板经过细心观察，在店堂专门为顾客增设了一个存酒柜，很快为餐馆带来了好生意。过去没有存酒柜时，顾客由于要的酒多，喝不完又不好意思带走，于是只好一个劲地劝喝，直到把酒喝完为止。结果呢？经常有人喝醉，重者伤了身体，轻者或误了正事，或影响了家庭和睦。这家餐馆推出存酒柜这一举措后，着实为该店引来了一批又一批的回头客，其生意明显好于以前。

“点厨掌勺”与署名烧菜

广州市胜利宾馆推出“点厨掌勺”的服务新招，食客可以从20多位厨师中随意挑选为自己烹制菜肴的厨师。与“点厨掌勺”相似的，还有上海一家饭店推出的“自己买菜厨师烧”。顾客将买来的龙虾、河鳗等鲜货交给自己指定的厨师，请其根据自己的口味，或清蒸、或红烧，每个菜收服务费在15～20元之间，这比其他饭店同类菜要便宜20％～40％左右。浙江萧山国际酒店推出的“烹调署名责任制”，与“点厨掌勺”有异曲同工之妙。凡上桌的菜盘上均贴有“本菜由××号厨师主理”的小标签。这样一来，若菜做得不合口味，顾客可以投诉而获得补偿，同时店家也由此落实了技术考核和经济责任制。

南京自助餐论斤卖

荤菜素菜任你点，不过点完之后要过秤，并且按重量付费，这是南京循礼门“台式自助餐厅”推出的新鲜事。在台式自助餐厅的厅堂里，你可以看到，有近20个食盘分两排摆列着。服务员介绍，饭随便吃，每人1元，菜则不讲人数，不讲荤素，只讲重量，15元1000g，按净重量付费。一位用餐者说：“菜用秤称，按重量付费，不存在打多打少与老板扯皮的问题。想吃多少就打多少，15元1000g能接受。”餐厅负责人说，此餐厅自开业以来，生意一直很好。

上海流行“社区厨房”

近年来，上海流行“社区厨房”，且都开在小区内或小区边，有的甚至直接租用小区底层住宅，不少居民家庭的餐桌上大都有他们的菜单。如果你工作忙，回家晚，没时间做饭，全家人可以到附近的社区饭店、酒店吃一顿既便宜又有特色的家常饭菜，这种生活方式已在上海市民中开始流行。这种“社区厨房”主要瞄准家庭用餐，价廉物美，还可以打电话订餐。

这真是不错的创意！不过这种生意，却是需要非凡的商业眼光和智慧才能做得了的。

四、偏离进攻方向必定要吃败仗

有着十年历史的“索尼爱立信”品牌,这家由欧洲通讯巨头和日本消费电子巨头联手打造的公司为何在市场竞争中渐处弱势?主要原因在于合资公司固有的顽疾，错失多次黄金机遇，从而使得这家企业发展缓慢。

错过硬转软机会

十年前已经开始衰落的爱立信手机品牌选择和索尼合资，双方各占50%股份成立了索尼爱立信，总部位于伦敦。

索爱的成立被视为强强联合——索尼拥有着出色的工业设计基础，并且在音乐、游戏等产业上积累深厚，而爱立信则是欧洲老牌的通信企业。

2004年、2005年前后，索爱曾将索尼在数码相机和音乐上的优势引入到手机上，推出了Cyber-shot系列拍照手机和Walkman系列音乐手机，并在市场上获得了相当的成功，当时索爱的市场占有率一度仅次于诺基亚和三星。

不过，在由硬件转向服务平台这一关键节点上，索爱屡次错失良机。

当时苹果的iPod播放器正风靡全球，杨兴平认为，索爱当时面临一个非常好的市场机遇，一旦将音乐功能很好地融入手机，那么消费者出门不再需要同时带着手机和iPod，在iPhone推出之前，索爱曾面临着一个千载难逢的机遇。

当时，索爱的音乐手机下载不够方便，容量不够大，后台使用也不够方便。尤其重要的是，当时索爱的音乐服务在至关重要的美国市场一直没有太大突破，这是因为索尼和当地运营商的合作存在问题，且在市场营销和产品设计上并不符合美国人的口味。在音乐服务这一块，全世界只有在美国市场才可能获得较大的效益，但是索爱迟迟未能在这一市场打开局面，影响了它的服务平台转型。相比之下，苹果的iTunes平台获得巨大成功，此后苹果又成功在iPhone中移植iTunes。

此后，索爱的音乐服务一度将中国市场作为推广重点，“在2005年前后，中国的移动运营商在推广音乐手机上花了很大的力气。”当时中国移动曾经重点支持索爱和多普达，而索爱也曾经重点开拓中国音乐手机市场。

不过，由于中国人一直没有付费下载音乐的习惯，索爱的音乐手机除了卖硬件，在平台建设上难以获得大的突破。

后来，随着诺基亚等竞争对手快速进入音乐手机市场，索爱的优势不再，市场份额一度严重下滑。

智能平台摇摆不定

在智能手机的发展上，索爱同样有值得反思的教训，生产厂商在几个操作系统之间反复摇摆，导致错失市场机遇。

索爱在发展智能手机早期，曾经和诺基亚一起是塞班系统的最主要支持者。当时塞班系统曾经是引领全球智能手机发展的一个系统。

此后，索爱又转投Windows Mobile阵营，推出了一些Windows系统的手机。然而在iPhone的冲击下，索爱的智能手机表现不如预期，又全面转投Android阵营。

2010年底，索爱宣布彻底放弃塞班平台，诺基亚成为这一平台最后的支持者。目前索爱使用Android系统的Xperia(TM)智能手机营收当前占总营收比例超过80%，索爱目前是三星、HTC、摩托罗拉之后的第四大Android厂商。

索爱在多个平台之间摇摆使其错过了黄金发展机遇——索爱并没有像苹果那样有效整合软硬件资源。

“这个世界最怕的就是南辕北辙，东走一步，西走一步，就很容易错失机遇。”索爱在一些关键决策上的反复，进攻方向上的多次失误，错失了整合自身优势的机遇。

企业的发展一定要跟自身的优势相结合，善于抓住市场机遇，切不可偏离企业的营销方向，错失发展良机。

古井贡药竟然兵败陕西

古井制药公司营销中心专门成立了社区营销推广事业部，准备从陕西省西安市场开始推广，由原西安交大药业集团心荣胶囊推广事业部陕西省销售副总经理负责。很快西安销售部招聘了100多名员工，很多都是原西安交大药业集团心荣胶囊社区营销队伍的优秀员工。接下来开始着手对这些人进行培训，培训内容包括企业文化、成功心态、销售技巧、模拟演练等原西安交大药业集团心荣胶囊销售培训的方法。同时，其他相关销售部门的人员经验都很丰富。

很快，推广事业部在西安分成东南、西南、西北、东北、城中五个办事处，每个办事处设置两小组，每个小组10～12名具有丰富调研知识的研究人员，在选择社区或药店时掌握调查的“四个原则”与“五个了解”，以决定活动的规模大小；前期宣传人员责任到人，一对一口碑宣传，或借助于老年活动中心、公共宣传栏、大厂矿单位广播、电视字幕预告等；活动现场很有气氛，每个员工详细了解消费者的身体情况，讲解中老年人的生活保健、养生之道，医生详细诊断消费者的病历、心电图；售后人员定期了解消费者服用情况，建立详细个人档案并连续跟踪，上门服务，解决消费者日常问题，免除其后顾之忧。

这些活动受到了广大中老年人的欢迎，给他们带去了像家庭医院一样的服务、医疗知识、保健知识、养生之道、日常生活护理等，很快在西安老年人中间心荣颗粒广为传播。 天的平均回款在10000元以上，连续一周，销售业绩较好，员工的士气也很高。

OTC部员工也都在很短的时间里积极联系药店进行铺货，60多家药店很快都铺上了心荣颗粒。员工进行终端包装也很积极，并在药店占尽优势：多——宣传品数量多、种类多；好——产品、宣传品摆放位置好，显眼并且美观大方；牢——保持时间长、摆好、贴好、挂好；净——干净，脏了随时擦或更换。

专科合作部也基本组建完毕，开始联系全陕西周边地县级二甲以下的医院业务，在1个月内有几家已经初步达成合作意向。

招商部的员工把全国分成几大区，业务也在有条不紊地开展。同时在一些医学专业媒体上投放招商广告，许多经销商也开始来电话咨询并索取产品资料，原先一部分西安某药业集团心荣胶囊的经销商更是直接提货做市场，1个月也有10万元的提货。

营销中心已经着手准备开发陕西周边地级市场，同时准备在古井制药公司的老家开设全国第二个省级市场部。

遭遇“SRS”突然溃败

任何团队，从组建到成熟都要经过一段磨合期。古井制药的心荣颗粒也不例外。然而，心荣颗粒的营销团队的变故在2003年底骤然来到，来得太快，也太突然。最初是因为整个营销中心部门设置齐全，但开始时业务未完全开展，造成主管陕西市场销售事务的领导很多。领导被聘时都带了很多人，于是形成帮派争权夺利的现象。同时，由于总部在人才方面缺乏策略的管理，很快古井制药公司社区营销推广事业部总经理在1个月就换了两人，这引起了广大员工的慌乱与猜忌，一部分员工辞职了。

心荣颗粒在陕西的第一阶段，推广事业部社区营销活动组在把西安的好的社区活动做完后，自然会遇到销量疲软的时候，员工的士气受到打击却未能调整；一开始为了给周边与省外市场培养人才，每个活动小组人数较多，也造成了活动费用居高不下。由于员工来源广泛，企业文化还未能深入员工心中，一旦因管理不严而导致销量差别，就会引起内部相互指责；同时，竞争对手通过卧底，屡屡知道详细的活动地点，造成每次与竞争对手碰面时，都是以失败告终，竞争对手也开始来挖表现优秀的员工；很快每天的平均销量降到3000多元……

4月，全国已开始出现“非典”疫情大面积扩散的现象，社区营销遇到致命的打击，此时各个社区完全封闭，所有的药店顾客稀少，各个中老年活动中心几乎也没有人活动。古井制药公司营销中心的社区营销活动才刚刚开展工作1个多月，手中掌握的消费者数据稀少，根本不能采用。社区营销队伍于是不得不一再减员，但恶性循环已形成，最后不得不解散西安社区营销队伍，造成宣传品与其他物料大量浪费。

其他三轮营销模式刚刚开始也面临困境，医院推广促销在“SARS”时期根本不能进行，没有多少患者敢去医院看病，医院推广工作陷入停顿。联办专科的推广工作因为全国各地医院都在忙“非典”，根本不能召集医院相关负责人一起来西安开会。各地代理商都在忙抗生素、抗病毒及提高免疫力类药品的联系与销售，他们对与“非典”无关的常规药物根本不感兴趣。

在营销中心还没有开展多少业务时，上百万资金已经投入，而维持一个庞大的营销中心的运转，且面对“SARS”时期销售的萧条还在不断产生费用的现状，营销中心一时也不能找到有效解决办法，许多员工由于看不到希望也纷纷离开。不久，古井制药公司终于痛下决心，关闭营销中心，撤回安徽。

营销反思

商场即战场，在营销工作中，要跳出营销看营销，站在全局的高度解决营销问题，这样才能找到最有效、最根本的解决方法，才不至于偏离营销方向。营销的本质就是一个系统的策划与管理的过程，而不是仅仅解决表面问题。

失败只是一个过程，而非一个结果；只是一个阶段，而非全部。中国市场是一个差异很大，国民特征很明显的市场，东西横跨上万里，南北温差数十度。世界上很难寻找出第二个如此丰富和辽阔的市场。随着现在进入一个理性复归的年代，一个企业不可能仅仅靠一个创意或一则特殊的方法就能取得成功。

第五章

营销阵地战的防御战略

一、智谋大师袁崇焕兵败启示

袁崇焕的人生悲剧

袁崇焕是明末抗清名将，曾屡次大败清军。到了明崇祯二年，努尔哈赤的儿子皇太极带领清军围住了北京城，袁崇焕星夜驰援，在北京城外大挫清军。

然而皇太极并没有善罢甘休，那时刚好有两个皇宫太监被清军擒获。他怒中生智，想出了一条反间计。他命令将他们关起来，夜里让两个大将在两个太监监房的隔壁，故作耳语，秘密谈话。他们在谈话中明示袁崇焕已经与皇太极有密约，准备攻取北京，缔结城下之盟。两个太监假装卧睡，倾耳窃听……接着，皇太极又故意放走了他们。

两个太监回到紫禁城，将窃听到的密谈内容，报告了崇祯皇帝。崇祯帝大怒。为震慑卖国投降分子，他决定将袁崇焕处以寸磔。

寸磔一种最为惨烈的酷刑，和凌迟同，就是老百姓们骂人时用的“杀千刀”“千刀万剐”。崇祯三年，袁崇焕被押到现在北京西四丁字街一带，执行寸磔。

围观的京师百姓，听说他是汉奸，都抢他被割下的肉吃。史载：他们“将银钱买肉一块，如手指大，啖之，食时必骂一声，须臾，崇焕肉悉卖尽。”

袁崇焕的性格，凸显一个“敢”字，敢走险路，敢担责任，敢犯上司，敢违圣颜，他为坚持真理而不怕披荆斩棘，不怕承担责任，不怕得罪上司，甚至不怕违逆天颜。袁崇焕的这种自负的性格，既成就了他的丰功伟绩，也造成了他的人生悲剧。

贝塔斯曼的自负

1997年，德国贝塔斯曼公司在上海建立了中国第一个合资书友会，首次将风行全球的贝塔斯曼书友会的经营理念带到中国。会员制、精美的印刷邮册、买书折扣、邮购……这些都让当时习惯了在新华书店买书的中国读者感到很新鲜。2000年，贝塔斯曼宣布中国书友会会员数已达到150万人。

然而好景不长，从2004年开始，贝塔斯曼的销售额开始急速下降，贝塔斯曼在中国的发展模式也遭到了全面质疑。

当时贝塔斯曼有条规定“每个季度至少要买一本书，但订书单上并不一定就有自己喜欢的书，而且还得到邮局汇款。另外，虽然书本身有一些折扣，但加上邮费实际上比原价还要贵”。“贝友”们逐渐发现贝塔斯曼“毛病多多”。

仅强制消费一项就使贝塔斯曼流失了很多读者。贝塔斯曼规定，会员每季度必须至少买一本书，如果过了该季度一半的时间仍未购书，会收到一封提醒信。半个月内再不购书，即发送一本当季的“主要推荐书”，且书到必须付款，否则将自动失去会员资格和会员费。最初，贝塔斯曼书友会甚至还会给会员发律师信，被某些“贝友”称之为“恐吓信”。

贝塔斯曼的另一个致命问题是图书定位狭窄，大多是“心灵鸡汤”式励志书和青春言情小说等“畅销书”。

价格高也是贝塔斯曼的另一大弊病。书友刚入会时能以非常低的价格甚至是零价格选择一至两本图书，但此后的新书一般只打九折左右，再加上每单5~7元的邮费，实际价格甚至会高于原书价格。贝塔斯曼在送货方式和收费上也逊色于当当网和卓越网。

贝塔斯曼还有一个让书友“伤心”的升降级制度，其书友中的白金卡会员如果当年累计购物未满299元就会降为金卡会员。对于书友会最重要的服务来说，贝塔斯曼做的也不尽如人意。

贝塔斯曼在中国水土不服

贝塔斯曼是全球最大的出版企业之一，拥有3500万名会员的“贝塔斯曼书友会”也是世界最大的书友会。“并不能简单地把国外成功的模式搬到中国，了解中国的图书市场和中国的读书人是最重要的”，这便是贝塔斯曼失败的原因。实际上，早在2006年，贝塔斯曼就曾关闭了北京14家门店中的10家。

1997年，贝塔斯曼以书友会形式进入中国图书分销市场，用信函开展业务在当时的中国尚属首次。当时，在《读者》、《青年文摘》等杂志上，贝塔斯曼的书友会广告共吸收了大约150万名会员。

当时贝塔斯曼的门店都是建立在书友会的基础上，中国的书友会成员都以学生居多，流动性太大，和欧洲以家庭为主的书友会有着本质区别。

贝塔斯曼在中国经营近13年来一直水土不服，后几年亏损越来越严重，在当当、卓越、99读书人和贝塔斯曼4家经营内容相似的公司里，贝塔斯曼的业绩是最差的，年销售额只有几千万元。

贝塔斯曼的公告表示，连锁书店和书友会两项业务“均受到了迅速变化的市场环境的影响，这两项业务无法成为长期持续高速发展及规模化的业务。”在贝塔斯曼首先宣布关闭36家门店时，有人就曾猜测贝塔斯曼书友会和网上书店都将逐步退出中国。事实证明，他的预测是准确的。

败于互联网，是贝塔斯曼失败原因的另一个判断。

“依靠目录卖书实际上就是一种赌博”，贝塔斯曼每月仅邮册一项就要耗资300万元人民币。长期以来，贝塔斯曼一直处于高成本运营状态，直接导致了巨额亏损。比如，为招募会员，贝塔斯曼长期在大众期刊上刊登广告，每年广告费约在四五百万元。

由于贝塔斯曼书友会在网络平台之外的维护投入，使得其虽然坐拥低至4折的进价，可在给读者的价格方面依然没什么优势可言，许多书友都选择“邮册上选书，当当或卓越上购买”。

贝塔斯曼没有在2002年大力推广电子商务业务，使其以后在网络销售上遭遇了当当、卓越等网上书店的强大冲击。

贝塔斯曼失败的主要原因在于：进入中国十几年一直水土不服，德国的书友会形式不能被简单拷贝。贝塔斯曼太过自负，看来营销中切忌自负，这点至关重要。

袁崇焕自认为是军事天才，忠心耿耿，一路冲挡，没有意识到自身处境的危险，而遭致杀身之祸。

联想到一些营销骨干，在团队中不受欢迎，甚至遭到排斥或挤兑，就算你有才华，但得不到重用，更不能很好地开展工作，推销自己的产品，做到左右逢源。这就需你改变自己的个性与习惯，尤其是自负的心理。自负，是成长的绊脚石，是成功营销的大敌。

二、营销阵地战需要怎样的防御战术

市场营销防御战中，有三条基本原则。这些原则学起来很容易，但要真正在实践中加以运用，却是困难重重。要想打一场漂亮的防御战，就必须仔细推敲每一条原则。

1．防御原则之一：只有市场上的领导企业才应该考虑处于守势。这条原则似乎简单易懂，但实际情况并非如此。在现实生活中，没有哪家公司不把自己看作是一个领导者，只是大多数公司的这种领导地位是基于其创造性的解说，而非市场实际状况。

你的公司可以自封为领导者，但广大消费者却并不关心你这套！公司不能产生自己的领袖，但消费者能做到，只有被消费者视为领导者，才是真正意义上的领袖。况且我们现在所谈论的“领袖”，还只是领导者意思上的，而不是指唯一的领袖。在计算机行业中有许多领导者，但只有一个国际商用机器（IBM）公司才是用户和潜在顾客心目中的真正领袖。

然而，总有一些王位觊觎者。有些商业人员确实相信，只要有主观愿意即可达到成功的巅峰，他们相信自己的思想所蕴涵的力量：只有使自己相信自己是一个领导者，才能让其他人相信你。必须打破这种想法！在开展市场营销战略时，妄想者是没有容身之地的。为了增强销售力而进行某种夸张是一回事，而欺骗自己导致战略上的错误，则是另一回事。好的市场营销将领必须对真实情况有清醒的认识，以便从实际出发开展领导工作。你可以愚弄敌人，却不可以欺骗自己！

2．防御原则之二：最好的防御战略，就是勇于攻击自己。由于其领导者身份，防御者在潜在顾客的心目中，总是拥有强大实力的，而提高自己这种地位的最好办法，就是经常攻击自己。换句话说，即你可以通过引入一些新产品和服务——他们足以淘汰你现有的产品和服务，来加强自己的地位。竞争频繁展开的目的，就是企图击倒对手，而动态的目标要比静态目标难以击中。在这方面IBM是一位大师，它经常推出一些在价格和性能方面都极大优于其现存产品的新计算机主机。吉列是另一个例子，它通过其产品“蓝牌”刀片及后来的“超级蓝牌”刀片占据了剃须刀市场。当其竞争对手威克森·索德公司在60年代初期向市场推出一种不锈钢刀片时，吉列公司当时被打得晕头转向，不知所措。后来威克森公司在1970年接着又推出了一种粘合型剃刀（即把金属刀片以最宜剃须的角度嵌合在塑料刀架中），这时吉列公司清醒过来，开始采取行动，并打了一场漂亮的防御战。很快，吉列公司开始通过特瑞克Ⅱ（世界上最早的双刃剃须刀）来进行反击，特瑞克Ⅱ的成功遵守了吉列未来战略的雏型。“两面刀刃比一面的好”，吉列的广告这样宣传道。“它比超级蓝牌更好”，公司的消费者称赞道，并迅速地购买新产品以替代旧产品——自己夺去自己的市场要比被他人夺走更好。6年后，吉列公司又引入了阿特拉（最早可调整的双刃剃须刀），它的言外之意自然是新产品要比那种不能调整的双刃剃须刀特瑞克Ⅱ更好。吉列接着毫不犹豫地推出了“好消息”牌剃须刀，一种便宜的可自由使用的剃须刀（带有两个以上的备用刀片）。这显然是攻击比克公司，它正准备推出自己的可自由使用的剃须刀。“好消息”牌剃刀对吉列的股东来说并不是一个好消息——制造它要消耗更多的成本，而销售时又会降低备用刀片的销量。因此，任何一个购买“好消息”而不要阿特拉或特瑞克Ⅱ的人，在某种意义上讲，都在花费吉列公司的钱。但是，“好消息”的推出，却是一个好的市场营销战略，它阻止了比克公司在自由使用剃须刀市场轻易地取胜，且让比克公司为其并不过份的份额付出了昂贵的代价。商业资料透露，比克公司的头三年中，在可自由使用剃须刀生产上损失了两千五百万美元。吉列继续采用无情地攻击自己的战略，它又生产出皮伏特（最早的可高速自由使用的剃须刀），这一次它自己的“好消息”是攻击目标。吉列逐渐增加了在混用剃须刀市场上的份额，大约占了这一市场的65%。

攻击自己也许会牺牲短期利润，但它能保证根本利益——它可以保护你的市场份额，因此，是任何营销战争中最基本的武器。反过来说同样也是正确的，任何一个犹豫进攻自己的公司，总是要失去自己的市场份额，最终也会丧失市场领导者的地位。

3．防御原则之三：强有力的竞争活动必须加以阻止。大多数公司只有一次胜利的机会，而领导者却有两次。如果领导者失去了攻击自己的机会，常常还可以通过竞争活动来恢复阵地。但领导者必须在进攻者立足未稳之前，迅速地展开活动。只是许多领导者因太过自负而拒绝加以阻止，更糟糕的是，他们常常是在一切难以挽救的时候，才开始阻止竞争者的发展。

由于战场的性质，使得阻止策略非常适用于领导者。要知道这种战争是发生在顾客心里的，对进攻者来说，要想在人们心目中留下印象，需要一定的时间，领导者通常有足够的时间来控制形势。

美国汽车行业的发展很好地阐述了这一原则。赛伊·约翰·德罗瑞在《你能够看到的通用汽车公司》一书中描述到："当我还在通用汽车公司的时候，福特公司就已在产品革新上超过通用公司市场的一半。""自从在1937年改进了汽车变速器，1940年推出了金属顶盖式样的汽车后，通用公司没有进行过一项有意义的、较大的汽车革新"，德罗瑞继续写道，"福特几乎在每一个较大的市场上当先锋，同时克莱斯勒也推出了许多有意义的技术革新，如动力稳向器、机动闸、电子窗户以及交流发电机等。"但是，谁的产品被认为是最优秀的呢？还是通用公司！

这是"酒香不怕巷子深"之谬误的反面，顾客也是相信这一古老格言的，但是，顾客有理由认为真理掌握在市场领导者的手中，具体说来，通用公司的产品就变成优良的了。

此外，还有一些有利于领导者的心理暗示。在由宾夕法尼亚大学的所罗门·阿斯切做的一个著名实验中，发现了人的盲目从众心理特性，许多人常常宁愿反对自己的感觉所得来的证据。在这一实验中，人们被邀请去比较一些绳子的长度，并让他们与一组给定的结果相比较，而这些结果都是事先安排好的、具有相同错误的答案。结果，37%的实验者盲从了这一群体的意见，也给出了同一错误答案。

大多数意见的力量，在阿斯切实验中被表现得淋漓尽致："就我个人来说似乎我是对的，可理智告诉我说我错了，因为我不敢相信那么多人都错了，而只有我一人对了！"可见事实是许多人更关心他人的意见，而不是自己的感觉。如果剧院里的其他人都笑，你也会相信电影确实是可笑的；相反，如果其他人都不笑，你也就会认为电影是不可笑的（这也是人们会跟着电视里的剧情发笑的原因）。

领导者是应该接受所有的挑战，还是只接受那些最有可能成功的挑战呢？显然，不加区分地接受是彻头彻尾的愚蠢观念，但是谁来作出判断呢？第一个大众·比特刚出现时，它看起来确实十分的奇怪，在底特律的一个著名笑话里说："美国有三件事被估计得最为过分，即南方的烹调、家庭性生活以及外国的小轿车。"许多公司都后悔曾做出过太迅速的反应，因此，他们今天的格言更可能是："让我们先观察形势，看看会发生些什么。”但是，对于领导者来说，这是一个危险的策略。现在发生的事情太多了，而变化又太快，因此，对所有突然的事情，等一等、看一看只会使一切都迟了，最终自己会被淘汰掉。

现在，可自由使用的剃须刀占该市场40%的份额。如果吉列等一等、看一看，而让比克在这一市场占据了优势，那么吉列今天的地位将会脆弱得多。

所有防御的最终目标，都是为了实现市场营销中的和平共处，以减少零散的游击战所带来的竞争。

市场营销上的和平共处，就是柯达公司在摄影方面、坎贝尔公司在汤料方面以及国际商用机器公司在计算机主机方面已经取得的成就。他们每个公司都在各自的市场上占据着绝对优势的份额，以至在用户心目中难以找到第二家可以替代的公司。

然而，领导者应该时刻警惕着。战争经常是成双成对出现的，且第二次战争的挑起者往往就是第一次战争中的失败者。第二次世界大战是由第一次世界大战的战败国德国发动的，1812年战争的挑起者，也是由在美国革命中失败的英国所发动的。

假如和平已永久地降临了，那么领导者可以改变其战略。他们可以变其品牌战略为一般产品战略，这就是为什么坎贝尔公司推销汤料，而不是推销它们公司的汤料。“汤料是一种好的食品”，它的广告说道，对任何人的汤料来说，大概都是如此。

这也就是柯达推销照相胶卷，而不只是柯达牌胶卷的缘故，它在电视广告中说道："时机会稍纵即逝。"

当你拥有一块馅饼时，应该去扩大它，而不是试图增加自己那一份的份量。

三、竞争的激情因对手的攻击而被激发出来

在营销中，价格是非常重要的竞争手段。尤其对价格——需求弹性比较明显的耐用消费品——家电行业更是如此。但怎样打一场漂亮的价格战，却是业内众多企业孜孜以求的事。本节以海尔在电热水器行业发动的一场价格攻略为题材，探究怎样打赢价格战并最终大幅提升市场份额而取得绝对性的市场领先地位。该战役是海尔经营史上最成功的一次价格战役，也堪称是中国第一品牌——海尔一贯以品牌、服务、产品创新、渠道创新、精细化管理等模式来强化自己的市场地位并不断提升市场份额而取胜，坚持不打价格战是行业内有目共睹的事。其中高端的品牌与产品定位、稳健的经营思路成为国内众多企业学习的榜样；尤其是对那些众多价格战不断的行业，最后发生全行业亏损而大伤元气的企业更是羡慕海尔的“特立独行”且“闲庭信步”式的营销。其实，真正的高手并不是不知道采取价格手段来提升市场份额，而是在评估了种种环境和可采取的方法后发现：大部分情况下，单纯采取降价促销的手段并不是最佳

选择。因为当产品的同质化比较严重时，任何市场的主要品牌采取降价等手段以求获得更多的市场份额时，其他品牌为了维护自己的份额必然也会采取类似甚至力度更大的降价行动，不过这样最终只能导致行业性的亏损和企业发展的停滞。

电热水器是海尔的一个业务单元，在海尔的小家电中算经营比较成功的一个产品，年营业额在5-6亿元。在2003年以前，市场份额一直维持在11%左右。虽然排在第一，但与阿里斯顿、史密斯、万和等前几名品牌的市场占有率始终差距不大。且有些月份稍不小心就被阿里斯顿追上。虽然海尔也经常采取一些市场推广手段力图取得更大的市场份额，但竞争品牌也都在纷纷加大推广力度，所以海尔的电热水器始终未能如愿以偿。其实中国大部分行业的品牌竞争格局都是如此：品牌集中度低，缺少真正的领导性品牌，其实这是产业结构升级和聚合前的必然阶段。但在这种格局下，任一品牌寄希望于鲁莽的“屠户式”价格战都是根本无法强化自己的长期核心竞争优势的。

背景：六七十年代建的老公房，全国有很多城市配置的是单相电源线制，即只有一根火线（L）和零线（N）。对于电器在使用中的过载或漏电有两种保护措施，接地保护和接零保护。但由于许多楼房的独立地线因为年久已生锈断裂，即地线已不存在（这种情况在国内很多地方都存在）。当用户过载使用电器（将电炉和电热水器同时接在同一根接线板上），瞬间的过载电流很容易烧坏电热水器的内部电线，于是电热水器就会发生漏电，而住户的地线由于早已失效，故会发生触电事故。针对该中国特殊时期的特殊情况，在电热水器产品上加装漏电保护器就成了行业内众多厂家以防万一的办法了（在市场比较成熟的欧美国家，电热水器根本不需要另外加装漏电保护器）。但这种“治标不治本”仍然避免不了由于用电环境不良而造成的“水带电”（在实际使用中这样的机率极低）等消费者在使用中碰到的异常现象。处理“水带电”的土办法在民间早就有，就是让带电的水流经一细长的塑料管（水本身有电阻，管径越小、长度越长，其分担的电压越大），这样出来的水就安全了。海尔的一名工程师从中受到启发，将细长的塑料管进行了改进，将其浓缩在一个肥皂盒大小的塑料盒里并与电热水器安装在一起进行销售。初期市场反应并不佳，在进行了全面的评估和分析后，公司决定将该装置取名为“防电墙”并申报了专利。而市场推广方面则采取“恐怖诉求”的方法以激发起消费者的共鸣。海尔的整合营销能力是行业内有目共睹的，尤其是终端展示的助成物使用上。对“防电墙”电热水器更是“宠爱有加”。

精心制做了“防电墙”原理的立牌，用简单易懂的发光二极管显示图来模拟其与一般电热水器的区别以及在异常情况下的安全保护。

专门针对“防电墙”电热水器拍摄了CF片并设计平面广告等各种宣传资料进行大力度的宣传，在终端的各种宣传物与海报上也重点强化其“防电墙”的独特性。

对所有促销人员集中进行培训，内容包括“防电墙”的原理、特色及与其他品牌产品相比的优点等，并据此进行实战模拟演练，以推广其独特的差异化卖点。海尔的市场推广和终端展示的创新手段是业内企业学习的榜样。我们并不鼓励企业采取“恐怖营销”的方法，但当非常时期下，采取“曲线救国”的策略能达到促进产业结构升级的效果也未尝不是一件好事。

由于以上多种营销组合，“防电墙”电热水器很快在市场上激起了消费者的共鸣，很多消费者甚至在选购电热水器时主动询问该品牌的产品是否具有“防电墙”功能。而这样的结果导致其他许多小品牌也纷纷跟风，推出自己的“防电盾”、“防电宝”等模仿性的产品。海尔这时并没有像通常厂家那样向工商部门举报并一味穷追猛打，而是对自己的“防电墙”特色和高科技的含量进一步进行了挖掘，并将产品结构进行了改进——“防电墙”部件由外置式变成内置式，外观比以前更漂亮了。企业的专利是应该保护，但在采取法律手段的时候应该好好想想，还有没有更好的办法了。毕竟，企业的最终目的是为了获得市场并盈利而不是拥有一大堆证书。由于海尔“防电墙”的销量看涨，对于那些不能随便跟风的主要竞争品牌而言只能采取降价的方法来维持原有的市场份额了。即便如此，通过以上一系列活动，海尔的市场占有率到2003年底时仍仅升至14%左右。

为进一步提升市场占有率，2003年底，海尔对电热水器进行了一系列的组合式价格战役：普通机械式的产品价格在局部市场、局部时间段进行了降价促销；中高端产品——线控系列全线降价，如：老品银海象200型原价1380，经常性特价999-1059。高档产品在2004年初开始进行买赠促销或特价。至于新品A5/A3等在上市一段时间后，为进一步刺激市场也阶段性的采取了特价促销。到2004年底时，海尔产品的平均零售价格已经低于阿里斯顿，只有1100左右。在整个价格调整期间，海尔并没有大张旗鼓地曝光或炒作自己的价格大战，而是采取了循序渐进、不同区域不同产品价格组合的办法，在最终决定消费者购买的场所——“终端”进行价格让利。且当其他主要品牌在纷纷猜测和议论其价格大调整时，海尔却坚持自称不是价格战而是提高性价比，所以从2004年主要品牌的价格走势上看，除了美的的价格稍有降低外，其他品牌的价格反而有了不同程度的提升。

到2004年5月份时，海尔的市场占有率已经到了20%，已遥遥领先于其他品牌，且一直维持该领先优势。

成功的价格攻略应该是不引起对手的察觉，或造成对手恐惧性地同样采取价格应对手段，关键是让消费者察觉到你的让利。如果能打造出差异化的产品，再辅以价格手段并结合规模效应后的成本优势，这种策略性和体系性的价格战略才是营销的最高境界。

四、面对强大的对手，弱者自有防御战略

在市场营销过程中，必定是有强有弱的，强者占据优势，而弱者却多劣势。那么在面对强大的对手时如何才能找准适合自己的防御策略，甚至反败为胜的？下面就来看一下淘宝是如何充分利用与易趣的差异化策略取胜的。

易趣成立于1999年，在4年的时间内几乎垄断了国内全部C2C市场，2003年3月又被全球最大的个人交易网站ebay收购，从市场到资金全面占优；而淘宝是阿里巴巴网2003年7月刚刚成立的一个拍卖网站，好像除了壮志雄心以外，什么都没有。三年后，淘宝网的市场份额为67.3%，ebay易趣为29.1%。故事结束。

一次匪夷所思的市场逆转，让人大惑不解——易趣，到底输在了哪里？

答案是，错误的营销战略。

让我们回到2003年的秋天。作为市场的挑战者，淘宝非常清楚寻求差异化是自己唯一的出路，要么不同，要么灭

亡。于是，淘宝宣布免费（当时的易趣已经收取商品登录和交易费用很长时间了）。面对淘宝咄咄逼人的策略，易趣显得自信满满，不但坚持收费，还对对手的攻势嗤之以鼻，“非正常的竞争手段会损害整个行业的健康发展，而且免费不是一个独特优势，淘宝要赶上易趣还有很长的路要走。”易趣的总裁当时这样说。这就是易趣犯的第一个错误，也是最致命的——继续收费。

免费还是收费，这是个问题。但这不是个对还是错的问题，而是个做还是不做的问题——微妙的是，其实这还得根据对手的选择来选择。实际上，对于一个能给用户带来收益的商业交易平台来说，即便不收交易费用是极其愚蠢的一个行为，易趣也应该选择和淘宝一同愚蠢，而不是保持不同，留下万一对方押中而自己没押中的风险。于是，在有着充足资金的情况下，易趣并没有跟进淘宝的免费策略，而是默认了二者的差异化，这当然正中马云的下怀。试想，如果拥有海量人流的易趣网也是不收费的，那么又有谁会去一个成立没两天，总共也没几个买家晃悠的小网站去卖东西呢？但是，现在有理由了。

诱人的免费政策让淘宝的用户数在成立之初的几个月就迅猛增长，这让市场霸主eBay易趣大为紧张。但有趣的是，此时的易趣又显得过于在战术上重视对手，启动了一项少见的广告封杀计划，动用巨资与三大门户网站——新浪、搜狐、网易签署了排他性协议，阻止淘宝等拍卖网站在上述三家网站做广告，企图将淘宝遏杀在摇篮中。

塞翁失马，焉知非福。郁闷的淘宝只好努力开发曲线宣传道路，将自己的广告投向了地铁站、路牌、公交车等众多非互联网主流媒体，可不经意之间，易趣和淘宝之间的另一个差异不知不觉中形成了——营销宣传方式的迥异。于是，在2004年的街上或者地铁里，到处都是“淘淘淘淘淘淘我喜欢”这样可爱的淘宝广告，而此时的易趣仍没有快速地跟进户外广告，而依然耕耘着它那些大型门户网站的营销宣传。

形势变得非常有趣，有淘宝广告的地方没有易趣，而有易趣广告的地方找不到淘宝，对易趣而言，这其实远不如所有的地方都有二者的广告，因为户外广告的受众中很多网上交易的初级用户甚至不再有机会知道中国还有一个“易趣”了，这让这个国内最大的交易网站极为尴尬。到2004年末，淘宝借力贺岁片《天下无贼》将创意十足的户外广告大面积铺开时，易趣在营销宣传上的劣势已经极其明显了。

其实，早半拍或晚半拍，行动并不是最重要的，关键是积极地应对。当年百事可乐包下南京东路所有的路牌广告后可口可乐做了什么呢？它包下了南京西路所有的路牌广告，就是那么没创意，但你是老大你怕啥呢。显然，易趣的第二个错误就是在营销宣传的方式上，选择了有我无你的策略，这让淘宝在自己的成长期中继续有机会与老大保持着不同。

那么，在淘宝高歌猛进的同时，易趣又在忙些什么呢？“2004年9月17日零时，在易趣、eBay双方数百名研发人员近一年的努力之后，易趣宣布与全球最大的电子商务平台eBay实现全面对接，中国的网民从此可以直接与外国网民交易。”——国内绝大多数媒体都将这则新闻当成喜讯来报道，可事实上，这个举动和日军偷袭珍珠港一样，看似大获成功，实则又埋下隐患。

果不其然，淘宝没有错失这个继续差异化的天赐良机。淘宝网发言人立刻宣称："淘宝网将更坚决地本土化。"这样一来，淘宝几乎成了国内本土交易平台的化身，而国内的市场领导者ebay易趣竟去代表跨国交易平台了！用户会更青睐哪种平台还并不确定，但确定的是，易趣面对一场本该由淘宝发起的艰苦的攻城战，居然自己主动把城门打开出来决战了！

其实，既然能守，又为什么要攻呢？在易趣和淘宝撕咬最为激烈的2004年，进行如此大规模的创新无疑是想当危险的。同时，淘宝继续坚决地进攻，大力推广更加实用的全新支付方式"支付宝"。面对这个并不是很复杂的技术，易趣再次放弃了立刻跟进防守，而是冒着极高的风险试图引进更精密的PayPal支付系统来一步登天，结果因为政策原因一直没能成功。到2004年底，实在忍耐不住了的易趣才仓促推出抗衡"支付宝"的"安付通"时，它已损失了足足1年的时间。

平台的对接果然并没有给易趣带来很多跨国交易，反而牵扯了自己很多精力。更糟糕的是它还带来了不少问题，调整后的页面让很多用户都很不适应，ebay总部对易趣用户账户频频莫名其妙的冻结也愤怒异常，而淘宝凭借更亲和的本土网站定位和"支付宝"的快速普及再次向其发起了总攻，这让易趣在这一年终于彻底崩溃。无数易趣用户夺门而出，逃向了淘宝的怀抱。2005年10月淘宝宣布将继续免费3年，给易趣丢下了最后一颗原子弹。至2006年5月，易趣网这个中国C2C市场曾经的老大，只剩下不到30%的市场份额了。不可一世的ebay易趣，输掉了这场战争。

回头看看，其实打败易趣的不单是淘宝，还有易趣它自己。每当淘宝用各种奇招怪阵进攻时，易趣从未在第一时间跟进来消除差异化，反而时不时地主动来点儿创新扩大了与淘宝的差异，这让挑战者的存在变得越来越具有市场价值，并最终得到了翻盘的机会。

一场或许本该持续十年的战斗，在三年内就烟消云散了。

淘宝本是弱者，然而在与易趣的竞争中采用了有效的差异化营销策略，从而反败为胜。

再说一个博弈论的故事。在一次剑桥大学的五月舞会上，正进行着一场轮盘赌游戏，获胜者将免费获得明年舞会的入场券。倒数第二轮后，领先者巴里已拥有700个筹码，而位列第二的女生只有300个，结果似乎已无悬念。落后的女孩被迫做了一个高风险的决定——将全部300个筹码压在3的倍数上，然后巴里随手压了200个筹码在偶数上，这样他只有1/6的可能性输掉比赛。可结果，巴里输掉了比赛。

事实上作为占优的一方，巴里其实完全没有必要让1/6的风险出现，他只要同样压300个筹码在3的倍数上就能稳获冠军了——至于筛子转到哪里根本就是无所谓的，以400：0取胜还是以1300：900取胜又有什么区别呢？

其实对于弱者而言，面对挑战最明智的策略——不是跟随，而是寻求差异。

第六章

阵地战的最高形态：决战

一、决战就是发起最强烈的攻击

营销即战争。从本质上说，营销与战争并无二样，只不过战争发生在山地旷野等有形的战场上，而营销则决胜于人的大脑内六英寸长的灰色地带，其目的都是要打败对手，赢得胜利。

冰激凌自19世纪问世以来，以其美观、冰凉能带给人快乐与甜蜜的感受，而越来越受到世界各地人们的喜爱。近十多年，随着有关机构大力倡导食用乳制品及更多的医疗保健专家的建议，中国的冰激凌产品已成为最普及的乳制消费品了。目前，人均年消费量是2升（相当于25到30支的冰激凌），未来20年有望上升到6升，中国也将成为世界上最大的冰激凌消费国。这个潜力巨大的市场吸引了越来越多资本的追捧和关注，这一切也为中国冰淇淋工业的发展带来了广阔的市场前景。

不过，纵观冰激凌营销现状，更多的消费者需要的是物超所值的现实产品，以及在渠道终端四季运营的长线品牌。而实践表明，业内有三种类型的消费者对冰激凌销售情况产生直接影响：

1．“白领”职业人士。这一群体的消费占了冰激凌销售收入的70%。这部分消费者年龄在25-45岁之间，思想成熟，收入丰厚，行为方式有浓厚文化内涵，大都乐意购买那些可以给他们带来新奇享受的个性产品，并愿意与同事和朋友们一起分享。

2．儿童和青少年。这个目标消费群集千般宠爱于一身，需要花费家庭可支配收入的60%用于满足他们想要的一切。

3．外国侨民。冰激凌有10%是由旅居的近10万名外国侨民消费的。这些外国侨民主要是各国驻华使馆的工作人员、外国企业在华雇员及家属。他们对各种冰淇淋产品，特别是各式冰淇淋蛋糕十分熟悉。

总体而言，冰激凌产品最忠实的消费群还是时尚的、有购买力、有文化内涵的年轻人。根据cmms的调查数据显示：56%的15-19岁的消费者，42.4%的20-24岁的消费者，以及37.2%的25-29岁的消费者每周食用冰激凌四次以上。他们的消费特征突出地表现为：冲动型消费和时尚型消费，他们对时下流行的事物比较敏感，也乐于尝试。

显然，针对这一群体，冰激凌的产品策略就应该更多地集中在：产品名称的时尚化，包装的酷感以及产品外形的个性化上。从营销渠道策略方面讲，以往超市销售的便利性已无法实现对这一消费群体的吸引和品牌忠诚度的建立，而以冰激凌专卖为主要形式的销售是时下流行青年的时尚选择。有众多明显的迹象表明，众多土洋冰淇淋巨头正在往高端冰淇淋市场渗透，甚至全力以赴攻占高端市场。过去几年，雀巢一直致力于逐渐退出利润低薄的普通冰激凌业务，重点打入增长迅速、利润丰厚的高档冰激凌市场，收购哈根达斯美国业务和德雷尔无疑就是明证。当下，美国dq、意大利百吉乐、美国31、凯菲冰淇淋等品牌又相继进军中国市场，同时，本土巨头伊利、蒙牛、光明等冰激凌品牌放言要脱下平民装，纷纷进军高端市场。因为行业机会决定市场的快速增长，可以预见，高端冰淇淋市场将迎来一轮前所未有的厮杀。

那么，如此“残酷”的市场，置身这个行业的商家们又是通过什么，来把握这个销售机遇的呢？

价值化再造

随着冰激凌市场环境的变化，新竞争格局的形成，使得过去某些被企业大量采用的常规性的营销策略再难以取得最佳的营销效果。如何采用新的营销方式顺势去拓展市场，已成为冰激凌企业面临的一个新的课题。在这种情况下，从竞争中进行品牌提升销量赢利的关键往往就在终端品牌的实战中体现，而他们尤其是那些有相对知名度品牌的成功往往又是整个行业的借鉴力量。

1. 哈根达斯

在目标市场上，哈根达斯的中国之路延续了该品牌创立之初的市场策略。在很多竞争者以为中国国内的市场正陷于价格战的时候，哈根达斯凭着高超的市场敏感度和营销手段，开辟了一个崭新的高端市场。

追求高贵时尚的定位

哈根达斯的产品定位是追求高贵的消费心态的群体，为了让消费者觉得物有所值，哈根达斯的广告常把自己装扮成“高贵时尚生活方式”代言人，重金礼聘不少明星，为其捧场。比如最初在切入上海市场的时候，哈根达斯就认真地分析了上海年轻人的心态。当时上海年轻人认为，时尚生活的代言人是那些出入高档办公场所的公司白领，高级主管和金发碧眼的老外。哈根达斯就邀请那些人士参加特别组织的活动，并吸引电视台做了相应的节目，一下子把自己定义成流行的同义词，而这批在哈根达斯有过“高贵时尚生活”的人成了其口碑的最佳宣传者，很快更多的人蜂拥而至、趋之若鹜，从而达到引爆点并引领潮流。

用品质留住核心顾客

哈根达斯的高档消费定位使得其目标消费群体小而精，为此，用出色的产品留住消费者就显得尤为重要。

以纯天然原材料制造的哈根达斯产品，进入中国的市场都是从美国空运过来的，冰淇淋的包装盒是在法国印刷制作的，所有的冰淇淋都是包装好再运到中国来的，以全球统一的新鲜、天然的口感来让中国的消费者无法抗拒。消费者可以透过哈根达斯全新的口味设计感受冰淇淋带来的不凡的感觉：草莓冰淇淋外裹有椰丝白巧克力，曲奇香奶冰淇淋与黑巧克力完美结合，还有比利时巧克力冰淇淋外裹着含有碎杏仁粒的黑巧克力，看上去美味之极等等。

除保持着最优质的选材、最科学的制作工艺和最讲究的搭配等品质外，哈根达斯还坚持把开发更多新口味、更多新创意凝结在一系列新的产品当中，而每一个新品的问世，又无不体现着哈根达斯一贯示人的品牌形象：体贴、尊贵、亲和和对高品质的坚持。

2．凯菲冰淇淋：

“避实就虚”的市场定位

美国凯菲冰淇淋瞄准的是中高端市场，目标圈定在中高收入的职业人士、独生子女、驻华外国侨民三大消费群体上，这样就排除了在底端市场的低档产品的劣势，同时也避免了与普通冰激凌生产商争夺市场的风险。比如在北京的冰淇淋市场，百吉乐的水果系列、31冰淇淋的各种硬冰等都是三个知名品牌的特色产品，但它们在冰淇淋蛋糕的生产上却表现平平，于是凯菲的冰淇淋蛋糕就成了冰淇淋蛋糕的品牌产品。同时，凯菲冰淇淋蛋糕也满足了一些底端消费者偶尔为之的高档消费，如一般的三口之家，在节假日、生日、家庭纪念日时候与祖父母一起度过时，买一个既高贵又时尚的冰淇淋蛋糕，不失是对特殊日子的最好庆典。

“通路精耕”的销售体系

除了报刊杂志广告之外，凯菲一般还采取快递活页广告的方式，用双语、双面满版、三折叠式的光面印刷物，一面印上凯菲产品的图片和介绍，重点在于系列蛋糕产品；另一面印上凯菲各个零售店的地址和联系电话等。分发人员身着凯菲公司的服装，突出凯菲品牌。比如，在凯菲冰淇淋蛋糕的促销期间，凯菲公司通过发放品牌标志钥匙牌、卡通娃娃、会员卡的方式，加强了消费者的好感度，大大提高了他们的回头率，巩固了凯菲产品的销售额。

逆向营销的承接

不言而喻，冰激凌高端竞争发展趋势告诉我们，在这个行业，营销渠道逐渐呈现出扁平化的趋势，渠道重心不断上移，同时企业在渠道和终端上的竞争逐渐加大。企业必须要有效地建立和掌控销售渠道，加强对渠道的控制力和影响力。所以，现在冰激凌的销售如何打破常规，独树一帜，是其提高市场占有率和品牌影响力，提高企业产品的销售量的重要因素。

“一个企业如果能够在冬天卖好雪糕，渡过难关，那么等到夏天旺季来临的时候，就能更好地发展。”这是“经营之神”台塑集团原董事长王永庆曾经提到过的“冰淇淋哲学”。它的大意是卖冰淇淋必须从冬天开始，因为冬天顾客少，会逼迫你降低成本，改善服务。如果能在冬天的逆境中生存，就再也不会害怕夏天的竞争。这种观点认为，产品滞销与市场萧条的时刻，正是企业磨炼内功的最好时机。经营者要沉着冷静，咬紧牙关，提高管理素质，不断改善企业内部的经营管理，这样才能降低生产成本，提高企业的竞争能力。它的侧重点是指点企业如何过冬，但反过来把重点放在卖雪糕，现在想想也未尝不是条出路。

很多现实证明，将冰激凌作为夏季消暑食品的观念已经过时，更多是作为主打的休闲食品来做。中国冰淇淋市场冬季是夏季的1/30，而这个差距在美国是1/2到1/3，季节性的差异反应了消费结构的单一，产品发挥的功能单一。随着人均收入增加、消费群体不断扩大以及中国城市化的发展，人们的冷饮消费习惯和消费能力有所改变和增加。

实际上，营销的生命力在于出奇制胜和不断创新，从变化者的营销环境中捕捉市场机会。我们并不否认常规性的营销策略对企业营销活动的重要作用，但企业营销如果囿于常规的思维方式，其营销理念及其策略相互雷同，久而久之，就会对消费者缺乏新奇感和吸引力。也就是说，逆向营销是在寻找可资利用的资源，把可能发生的事情纳入经营策略中，从而引导事情向良好的方向发展。

二、抓住对手弱点进行全面进攻

如果你读过《营销战》这本书，你大概不会忘记他们在书里一再提到的营销竞争理论：挑战者要找最强的竞争对手（通常为行业第一），攻击点要寻找竞争对手最薄弱的地方。这几乎是颠簸不破的营销真理，许多年来，指导着我们的企业在市场上东拼西杀，成功者不计其数，失败者自然也不会去怀疑这样的真理会不会有错。接下来我们就看下哈勒尔是如何成功利用宝洁的弱点取得成功的。

哈勒尔最大的胜利，就是在上世纪80年代初购进称为“配方四〇九”的一种清洁喷液批发权，以及其后在全国展开的零售努力。到1987年时，“配方四〇九”已经占有5%的美国清洁剂产品市场，以及几乎一半的清洁喷液区域市场。这是一项很舒服的专卖权，也带来很舒服的生活，哈勒尔既不用顾虑股东（公司在他严密掌握中），又不用担心强大的竞争对手（喷波市场并不很大）。

然后来了宝洁公司——家用产品之王，任何公司碰到它都不会掉以轻心，它推出了一种称为“省事”的新清洁剂。哈勒尔的生意遭遇到一个问题：它成功的程度叫人看了眼红。

“宝洁”正是那种会对成功者眼红的公司。该公司于1837年设立于辛辛那提，当时威廉·普罗克特和他的堂兄弟詹姆斯·甘布尔认为两人的生意性质相近，就一起设立了一间办公室和后园“工厂”——一个铸铁底面的木壶，用来把脂肪炼成油脂。

即使在当时，该公司也是把产品行销网络撒得越广泛越好。1850年时，该公司的信纸上面印着这几行字：

宝洁公司制造与批发各式各样的蜡烛、松香、棕榈、甘油、洗脸与刮胡用皂以及珍珠粉、猪油等等。

1879年，“宝洁”推出最成功的产品“象牙肥皂”。这项产品的潜力极大，该公司拨出1.1万美元的庞大广告预算，普罗克特的儿子写下第一句广告词：“象牙肥皂……纯度高达99.44%。”甚至，“它还能飘浮”。

当哈勒尔建起他的“配方四〇九”生意时，“宝洁”已经采用“象牙肥皂”配方近10年之久，成为一项新的家用产品，并且也找到向大众做诉求的方式。当然，该公司也因为问卷调查、个别和集体的访问，以及随着产品的每一推出阶段所进行的数字统计和心理分析，对产品的质量和包装颜色做了许多改进。

可是“宝洁”的基本主题还是一样：建立一种新产品，向已经在经销本公司其他产品的零售商进行推销，并且利用大量的广告来争夺市场占有率。

因此，当有一项清洁产品逐渐打开市场时，当然要叫“宝洁”眼红了。“宝洁”为了保护自己的优势，就必须推出一种竞争性产品，借此开辟新的生意领域。1987年，它开始试销一种称为“新奇”（Cinch）的清洁喷液。

“宝洁”在创造、命名、包装和促销“新奇”这项产品时，曾投入大量的资金，进行耗费巨大的市场研究。“宝洁”在科罗拉多州丹佛市进行这项产品的试销时，也是采取声势浩大，郑重其事的方式进行。（在没有事先确知“新奇”是一项值得投资的产品之前，就在全国以大笔的广告和促销经费展开推销攻势，所冒的风险就太大了。）在这场竞争中，“宝洁”显然因为规模大而占优势。它可以投入数百万经费，而不必计较是否立刻就有收获。我们都会认为金钱可以搜集到有关消费者的知识，从而知道如何投其所好而把哈勒尔打垮。

但是，“规模大”却也有不利的一面。小公司可以迅速行动，可以一面打一面跑，它不会陷入规模大的泥淖中。就在“宝洁”一步一步展开行动时，哈勒尔听到了风声，并且得悉丹佛市被选为第一个测试的市场。

哈勒尔所采取的战术完全适合公司本身的小型规模。他很巧妙地从丹佛市场撤出“配方四〇九”。当然他不能直接从超级市场货架上搬走，因为这样“宝洁”就会发觉，但他可以中止一切广告和促销活动。当某一商店销完“配方四〇九”时，推销员所面对的是无货可补的局面。这是一种游击战：用静悄悄而又迅速的行动去扰乱敌人——这种战术发生了作用。新奇清洁喷液在试销中表现极佳，宝洁公司在丹佛市负责产品试销的小组，现在可以回到辛辛那提总部得意洋洋地声称：“所向披靡，大获全胜。”由于虚荣心作祟，再加上对“宝洁”信心十足，使他们完全没有意识到哈勒尔的策略。

当“宝洁”开始发动全国推销攻势时（攻势是按地区逐步推进），哈勒尔开始采取报复措施。他用的策略是设法打击“宝洁”高级主管的信心。他借着操纵丹佛的市场而使宝洁公司对“新奇”抱着很高的期望，现在则要使实际销售情况远不如当初的想象。因此，他把16盎司装和半磅装的“配方四〇九”，一并以一块0.48美元的优待零售价销售（比一般零售价降低很多）。这纯粹是一种削价战——哈勒尔并没有充分的资金长期支撑，但却可以使一般的清洁喷液的消费者一次购足大约半年的用量。他用大量的广告来促销这种优惠商品。

因此，当“宝洁”还在使用传统的新产品行销策略，辛辛那提总部派出大军来配合展开全国性广告攻势时，“配方四〇九”的使用者，用商业术语说，已经“不在市场上”，他们不需要再购买清洁喷液。唯一留在市场上的是新使用者，这种人的需求量极其有限。最后，“宝洁”不得不从货架上撤回这款新产品，尽管它在试销阶段曾大获全胜。

哈勒尔赢得很险，所有的小公司通常都是如此，尤其是面对“宝洁”这种强劲的对手时。可是，哈勒尔深知大公司的心理。他知道这种公司都自信，他知道这种公司都会相信花大钱对新产品进行的市场测试结果。他判断“宝洁”会因为规模太大，而不去密切注意他的动静。“宝洁”是一头大象，所以，精灵古怪的小猴子很容易就听到它的脚步声而先行躲开。

三、不断有新思维才能保住阵地

从一句“农夫山泉有点儿甜”闯入市场，到推出“奥运军团喝什么水”的疑问；从养生堂丢出一颗重磅炸弹“农夫山泉基于对消费者负责的态度考虑，决定退出纯净水市场，全力投入天然水的生产销售”，到农夫山泉在全国范围内造势，矛头对准纯净水厂商，引起水业大战在全国升级，全国各地纯净水企业纷纷联盟，向法院提出诉讼，欲与农夫山泉对簿公堂。农夫山泉的到来，使寂寞无闻的水业多了许多关注的眼光；水业大战的一些深层次的问题引起人们格外的关注。

水业大战的核心并不只是停留在哪种水对身体健康的问题上，商业利益才是水业大战的根本问题。商品经济发展至今，市场上的各类商品成千上万，相互竞争空前激烈，稍有失误，一种商品就会被消费者抛弃，而这个企业可能就会被市场淘汰出局。市场中的领先者怕追兵，挑战者们要挑逗，每一个市场竞争的参与者都有朝不保夕的危机感，于是，他们纷纷开拓思路，领先者渴望步步为营，挑战者你追我赶，“市场细分”和

“目标市场定位”成为企业获取竞争胜利的法宝。对于农夫山泉是褒是贬，我们暂且不论，如果您走进千岛湖去平心静气地了解一下，您必须承认农夫山泉确实有一批商界精英，他们把“目标市场定位”策略和“差异化”策略演绎得惟妙惟肖，并且留下许多经典的商界故事。

品牌定位差异化，凸显农夫山泉“天然水”的高品位

中国的包装饮用水市场数量庞大，但绝大部分厂商均为中小企业，其市场的覆盖范围有限，一般为市（县）级到省（自治区）级的行政区域。因此，一般在一个行政区域内，饮用水的品牌构成一般是以一到两个地方品牌加上一到两个全国品牌为主。面对如此激烈的饮用水竞争，为了突出品牌，养生堂公司采用了许多策略。

选择市场切入点——有点儿甜（构造消费者心理差异化：联想到山涧泉水）——适度的高价（提高顾客价值，凸显与众不同的农夫山泉高贵品质）——运动装（突出企业对产品严谨认真的态度）——款到发货（表明企业的自信，造成供不应求的假象，使经销商提高对农夫山泉的信心）。

在切入点上，农夫山泉基本上在所有的市场上都是从最容易受到影响、对新事物最敏感的群体切入，通过广告这一载体，对口感（有点儿甜）、水质（来自千岛湖）进行差异化细分，有明确的市场切入点。

在口感定位方面，有点儿甜的广告语实际上再现农夫山

泉是“天然水”这个核心概念，而且口感是水质最有力、最直接的感官证明。水的广告诉诸口感，这在国内还是第一家，而且，就像乐百氏纯净水的广告语“二十七层净化”一样，实际上严格的纯净水都要经过二十七层净化，只不过你先提出，别人就不能再继续采用了，否则只有给别人做免费广告了。农夫山泉突出了“天然水”有点甜儿的这一特性，水和广告的品位都随这一广告语而凸显出来，通过“有点儿甜”的潜在形象也提升了农夫山泉在顾客心目中的品牌形象，取得了极大的成功，“有点儿甜”被大家熟知，几乎成了农夫山泉的代名词。

同时，农夫山泉“口感清爽有点儿甜”是有一定依据的。饮用水的口感是衡量水质好坏最直观的标准，一种好的饮用水应该口感清爽、无异味，通常认为，水是无色无味的，但生活中我们往往有这样的体验，当我们喝清凌的泉水时，往往觉得有点儿甜，那么这种甜味是纯粹的心理作用还是一种真实味觉？事实上，水的甜味是一种综合味觉，它说明：水中没有有机物及腐殖酸；水中异味金属离子含量极低；矿物质及微量元素含量适中，搭配合理。因此，可以说，水的甜味本身就是水质优良的证明。

对于农夫山泉的适度高价，实际上是通过价格提升农夫山泉的品牌价值。同时，养生堂公司一直把“健康”作为最大的产品，所以对于“健康”而言，价格不高些，不仅经销商不会对您另眼相待，而且有些消费者还真不放心。农夫山泉做水的出发点，就是要为国人提供一种有益于健康的好水。养生堂始终坚持“养生堂热爱生命”这一理念，倡导“好水喝出健康来”的饮水观念，生产、经营“农夫山泉”天然水。从而在价格上呼应了农夫山泉是“天然水”的高品质品牌形象。

在包装方面，农夫山泉拥有全国最好的运动瓶盖，而且第一个有意识地将运动瓶盖作为大卖点推出，以致于人们以为是它的专利，农夫山泉迅速崛起，运动盖这一小小的技术装饰（大大的卖点）功不可没。在对终端管理上，作为一新兴品牌，大多数总是有点儿底气不足，农夫山泉反其道而行之，对诊断管理采用款到发货的坚定政策，同时配合市场上的造势，在短时间内大量提升市场占有率，终端销售商对农夫山泉更加有信心。在这里，坚定的决策是信心和实力的表现。

广告差异化，塑造“健康水，天然水”概念

农夫山泉运动型包装出来以后，养生堂抛弃了传统广告轰炸的做法，而是依据农夫山泉的“目标市场定位”，通过策划优美的画面和朗朗上口的广告语，采用差异化策略，使农夫山泉在消费者心目中占据特殊的地位。

首先，养生堂利用学生最容易受影响也是最好品牌传播者的特点，利用著名运动员在国际竞技场上是最常见的扬国威、长志气的人特征，选择了学生和运动员作为农夫山泉的广告诉求对象。

养生堂公司选择中小学生这一消费群作为一个市场切入

点，以包装中的运动盖为重点去引导他们。中小学生天性好奇又好动，最容易接受新事物。养生堂公司在中央电视台最先投播的是农夫山泉“课堂篇”广告。在课堂上，一女生上课欲喝农夫山泉，她悄悄地拉动农夫山泉的运动瓶盖，但还是发出“砰砰”的声音；受了惊，其表情十分丰富，老师告诫她“上课不要发出这样的声音”。老师的告诫使一些上课爱搞小动作恶作剧、具有逆反心理的调皮学生心情急切，跃跃欲试，购买农夫山泉的欲望愈加强烈。创意者用此小计，传递了一个产品包装上与众不同的信息，将无声之水变有声，揭示了包装上的吸引力，响声同时又起到了提醒和强化记忆作用。

农夫山泉的广告语“农夫山泉有点儿甜”，通过画面对千岛湖的全景扫描，突出话外音“农夫山泉有点儿甜”，体现农夫山泉“味道甘洌”的特点。同时突出农夫山泉是“天然水”的概念，并对这一核心概念进行注释，包含了自然环境水源好、绿色、环保和野趣等回归自然的理念。如果农夫山泉在水本体上采用“纯净”、“矿物质”、“微量元素”、“销量第几”等诉求点，就会显得苍白无力，养生堂公司在这个角度上几乎无法捕捉到水的卖点。最后，他们找到并确认了“有点儿甜”这一“闪光点”。

饮料企业与运动的联姻由来已久，可口可乐和百事可乐借助竞技体育这一载体向中国饮料市场渗透，已有目共睹。农夫山泉与体育运动结缘，贯穿其成长的全过程。农夫山泉与体育的联姻始于1998年的世界杯足球赛，到现在为止，标志性事件有三件：1998年赞助世界杯足球赛中央五套的演播室，1999年成为中国乒乓球队唯一指定用水；2000年被国家体育总局选为中国奥运代表团训练比赛专用水。

1998年世界杯足球赛开赛之前，养生堂公司的决策者们意识到：饮料企业要发展壮大，必须与体育联姻。农夫山泉运动瓶盖的独特设计，容易让消费者产生与运动相关的联想，值得将之作为一大卖点来推广。而1998年的体育热点是世界杯，于是，养生堂借助赞助1998世界杯中央五套演播室，搭上了世界杯的“快车”而迅速成为饮用水行业的一匹黑马，并被业内人士戏称为世界杯的“大赢家”。在具体操作上，农夫山泉从四月中旬开始在中央电视台体育频道和中央台一套少儿节目“大风车”栏目投放广告。由于在体育频道播放频率较高，许多足球迷和体育爱好者都对农夫山泉印象深刻。特别是世界杯开幕后，养生堂公司又巧搭便车，出巨资买下中央电视台世界杯足球赛演播室空间。经过精心布置，极大地提高了产品的知名度。

农夫山泉与体育结缘，并不单纯搭体育之车来推广产品，同时还传播善待生命、重视健康、重视运动的理念，为提高全民族的身体素质尽力。因此，它在借98世界杯获得成功之后，确立了“竞技体育和全民健身”齐头并进的策略。在重视赞助群众性的体育运动方面，比较有影响的是1999年全国青少年三人制篮球赛。

三人制篮球赛是国外非常流行的一种篮球赛制，其特点是自由组队、自由参赛，属于开放性的街头争霸赛，因此很受城市青少年的欢迎。近年来在国内逐渐热起来，但均属地方性的比赛。以“农夫山泉”冠名，中国篮球协会主办的全国青少年三人制篮球赛，作为全国性的赛事尚属首次。

1999年5月1日宁波赛区开赛，共有330支球队，1300多名男女运动员参加了比赛，而到场的热情观众与啦啦队竟多达四五千人。按照宁波赛区的成功模式，从10月中旬至月底又在南京、济南、郑州、合肥、苏州等地滚动完成了五城市赛区数千场比赛，参赛队伍超过1500支，运动员达6000余人。各地体委、教委及新闻界对比赛给予了有力支持和热情关注，多家媒体进行了报道。这次跨越数省，历时半年之久的大型活动参与性强，社会拉动面宽。组队及参赛过程中，广大青少年显得特别活跃，其同学好友及家长也赶来观战助威，一时间在各城市形成热潮。农夫山泉通过此类活动得到了社会各界的广泛好评，其品牌形象进一步深入人心。

1998和1999年，农夫山泉在消费者心目中，确立了高档饮用水的品牌形象，初战告捷后，养生堂公司便开始寻找与产品形象吻合的代言人。与此同时，中国乒乓球队也在物色、选择指定饮用水。经过多方面的接触与了解，中国乒乓球队对农夫山泉产生了浓厚兴趣。时值第45届世界乒乓球锦标赛在芬兰举行，农夫山泉自然而然地成为了国手的指定饮用水，于是农夫山泉打入第45届世乒赛与国手一起为国争光。

突出重点、奥运营销，升华品牌形象

2000年是奥运年，奥运是世人关注的焦点。农夫山泉围绕奥运展开新一轮营销攻势，再次获得全面丰收。

2000年初开始“喝农夫山泉，为申奥捐一分钱”活动以来，半年多时间“农夫山泉奥运装”在全国销售近5亿瓶，比去年同期翻一番，也就是说，农夫山泉代表消费者已为北京申奥贡献近500万人民币，“一分钱”做出大文章。

一向把支持体育事业作为品牌识别，且最早与中国奥委会建立伙伴关系的养生堂农夫山泉，无疑是最大的赢家之一。中央电视台一直播放的“买一瓶农夫山泉就为申奥捐一分钱”的广告，让你竟分不清是商业广告还是公益广告。“再小的力量也是一种支持”，农夫山泉倡导的这种“聚沙成塔”的宣传理念，伴随着刘璇、孔令辉那颇具亲和力的笑脸，在申奥的日子里渗透着我们的生活。

行销专家就此发表评论说，企业不是以个体的名义而是代表消费者群体的利益来支持北京申奥，“以企业行为带动社会行为，以个体力量拉动整体力量，以商业性推动公益性”，这个策划在所有支持北京申奥的企业行为中，无疑极具创新性。

农夫山泉在“口水大战”之后急需一种更好的形式来明确和传达产品的定位，提升品牌形象。北京申奥给了商家一个机会，农夫山泉也牢牢抓住了。与中国奥委会建立长期紧密的合作关系，举办“为申奥捐出一分钱”活动，大幅度降价……农

夫山泉的几大步骤协调有力，充分利用了申奥所带来的机遇，也取得了极好的效果。

2008年奥运会举办权终于花落北京。当全国人民为此沉醉狂欢之际，养生堂人一定笑得很灿烂。在很多城市，农夫山泉被视作北京申奥成功的“幸运之水”。

养生堂成为中国奥委会及中国体育代表团最高级别的赞助商之一，也是最早与中国奥委会建立合作伙伴关系的赞助企业。

差异化策略，使农夫山泉成了最后的赢家

农夫山泉的差异化目标市场定位策略确实非常成功。差异本身只存在于消费者心中，在均质化高度发展的今天，产品之间基本不存在差异了。即使有大众所认可的差异优势，可如今信息化高度发达，人们的差异优势又能保持多久？如果蒙上眼睛在众多的矿泉水中判断，分辨出哪个是“农夫山泉”，哪个是“娃哈哈”，哪个是“乐百氏”，哪个是“雀巢”……你肯定会弄混，而且混得一塌糊涂。只有明确告诉你哪瓶是“农夫山泉”后，你细细地品味，才会觉得“有点儿甜”。“有点儿甜”（差异）是消费者对“农夫山泉”（品牌）的反映。差异并非存在于矿泉水中，而是存在于消费者心中。有了“农夫山泉”，消费者才能品出广告语刻在他心中的“有点儿甜”的差异印象。

正确的目标市场选择和定位正是为了求得消费者心中的

这种差异，定位理论正是把消费者如何对品牌或事物进行定位作为主要研究对象，企图突破存在于消费者心中的各种传播障碍。

由于消费者只接受简单而有限的信息，因此，消费者喜简烦杂，在面临过多产品品牌和纷繁的信息时，不可能去掌握产品的每一细节和全面情况。为了应付这种复杂，人们学会了把一切简化，而广告可以在消费者心中“创造一种新的次序”，当然，要想把一个新的观念或产品搬进人的心中，你必须先把一个旧的搬出去才行。旧的观念一旦被推翻之后，推销一个新观念常是易如反掌。事实上人们是主动地寻求新观念以填补空隙的。

市场定位正是基于上述消费者心理，为适合消费者简化的心理要求提供给消费者一个最简化的信息。它不是去说我的产品如何如何，而是通过简单的诉求点告诉消费者我是什么，为什么我很不一般。它只需要创造一定信息，将品牌定位在消费者心理的某一位置上，便可完成产品（品牌）的“复杂”诉求过程。这一简洁化、抽象化的位置，代表着一种质量和价值的排序和量度，是消费者对产品（品牌）的情感移植物。当定位将这一位置赋予某品牌时，这一品牌就成为位置符号所指物，人们心中就会将这一位置具有的地位和价值附加在品牌上，就会将对品牌位置的感觉和评价转移到对品牌质量、价值的评价上，将对位置的信赖转移到对品牌的信赖上。

农夫山泉销售虽不及预期，但知名度迅速上升，并成功运用市场细分和差异化市场定位原则，成为天然水（矿泉水）类别中的第一品牌。虽然农夫山泉许多行为招来了不少非议，“农夫”的掌门人却有自己的见解：“这场水战的最终胜利者是消费者，谁能保持与消费者利益一致，谁就会赢得最后胜利。”

农夫山泉的胜利在于它有新的思维，不跟随大众，充分挖掘出自己产品的个性，也就是注意自身文化的提高，从而在竞争激烈的市场上占有一席之地。

四、阵地战的胜利也是团队的胜利

如果一个人在工作中只看到自己的利益，忽视团队的利益，没有团队精神，就无法在现代企业里立足。如果哪个人仗着自己比其他人优秀而傲慢地拒绝与同事合作，或者找各种借口，没有积极的合作意识，总是自己一个人在孤军作战，那是十分可怕的事情。一支足球队，如果只有个人精神，便永远没有胜利的可能。所以没有团队的成功，就没有个人的成功。

20世纪90年代初，台湾饮食业商人纷纷涉足大陆，以京津为他们抢占的首要制高点。当时大陆的快食面业处于一种诸候割据，群龙无首的局面，产品质次、品低、缺少一种可以一呼百应的名牌。正当不少台商、港商跃跃欲试之时，台湾顶新集团，一马当先，先声夺人推出了“康师傅”快食面。

结果“康师傅”抢占了中国大陆许多市场，其他欲来涉足的商人只能摇头退去，而作为台湾饮食业“龙头大佬”的统一集团不甘被抛于马后，想奋起直追，要与“康师傅”同分羹盏。然而最终是因后人一步，处于劣势，只能望尘莫及。

跃跃欲试的台湾食品界

自从中国实行改革开放政策以来，精明的台湾商人，早已是一冲而出，纷纷涌向大陆市场投资或抢占市场。在他们看来，港澳商人已先他们一步抢占了珠江三角洲一带，捞足了好处。因而他们一过海，便毫不犹豫直扑京津及中国内陆腹地。

虽然海峡两岸的政治壁垒依然高高耸立，但是投资大陆的优厚回报，远远战胜了他们对风险的恐惧。特别是像台湾这样，腹地狭小、市场有限、土地少而贵、劳动力价格高，在市场竞争尤为激烈的这么一个地方，商人们都深感难施拳脚，因而大陆的广阔市场、广阔空间深深吸引着他们。

台湾顶新集团与台湾统一集团是两支渡海作战部队，他们在大陆食品业上竞争尤为激烈，前者先人一步，先声夺人，快速而凌厉地推出“康师傅”快食面，占领了京津，旋即称霸全国，后者虽在台湾食品业坐龙头大哥之位，可是其在大陆却难进一足，皆因慢人一步。可见“先占为王”确实有理。

“顶新”与“统一”

台湾顶新集团原来是以食用油脂产品为主业的，论名气和实力在台湾并未能做“大哥”。他在台岛寻寻觅觅几十年，觉得无甚大作为后，值大陆开放，其便毅然前往发展，希图东方不亮西方亮。

早在1988年，顶新集团就开始投资大陆。这个具有20多年生产油脂类产品经验的企业，从一开始就确定了“务实诚信”的经营观念，产品力求以好的原料、好的品质、好的技术达到物超所值的标准。1990年，在北京投资建厂，利用其优异的制油技术、丰富的生产经验，先后生产了顶好清香油、顶好健康油、顶好纯香油等系列食品油，取得了小成功。

但此时，“顶新”发现，他慢了，京城市面上食用油已为群雄逐鹿，“金龙鱼”“绿宝”等深港产品已充斥市场。

说起统一集团，许多台湾人都不禁竖起大拇指，不仅是因为其创业老板原是一名打工者，更因为正是这样的白手起家者经过奋斗在台湾食品业中成为首屈一指的“大哥大”。在1994年《福布斯资本家》东亚1000上市公司中，统一集团在100家上市公司和各行各业三甲榜（食品及饮料）都榜上有名。

统一集团老板高清愿，原在台地纺织公司任职。1969年，他放弃了从事20多年的老本行，带着一批员工打出了“统一企业”的招牌，开始向食品业进军。其先开发一种大众化的速食面，获胜后，又在食油、饮料、乳品、罐头等方面大显身手，曾获台湾食品类商标奖冠军，经过10多年的艰苦创业开拓，终于成为台湾食品业的“龙头老大”。

高清愿是一个“国际化”意识很强的人。统一集团初具规模后，他迅速部署了海外作战兵团，跳出了台湾狭小的空间，先后在印尼、泰国、越南、菲律宾等国投资，如今的“统一”已是一个横跨食品、电子、金融、地产、贸易、旅游、零售业、服务业的国际化经营财团。

高清愿虽是白手起家的企业家的典范，备受世人瞩目，但在进军大陆市场时，他慢了顶新一步，虽是一小步，但却令顶新与统一的距离一下子缩小了许多，令他追悔莫及。

商界出英雄

自从在食用油上慢人一步后，顶新决心另觅它径先声夺人。

1991年底，顶新集团把目光偷偷瞄准了快食面。中国大陆的方便面历史已有10多年，仅北京、广州两市，就分别拥有60和50多条方便面生产线，源源不断输送了一包包廉价快食面。遗憾的是，这些不同厂家、不同生产线出来的快食面，牌子众多，但普遍是品质低下，包装简陋，又不注重宣传，十几年如一日的一个模样，一个调子。当时的中国快食面市场是一个群雄割据、各自为政的混乱局面。虽然有像“华存”这样的“大诸侯”野心不小，却也只能在南方称霸，北上京津，已声微名弱难成气候。

顶新瞅准了大陆快食面业这个群龙无首的空档，决心打一场快食面大战。

1992年伊始，这一年是顶新集团首脑最忙碌又最神经兮兮的一年，因为他们已得知，其时有不少港台商人已不动声色在打京津的快食面的主意，其中包括统一集团，像统一集团这样有实力的集团，如果先已一步，在京津打开市场，那么，顶新将难得再分一杯羹。

因此，他们互相间不断催促，快！快！快！并投入了大量的资金于部署中，期望在牌子制作、广告宣传、产品质量、包装及营销等诸方面各环节开足马力，一鼓作气，大打出手，既令众多对手望风却步，又使自己迅速占领、巩固市场。

几个月后，一种名叫“康师傅”的方便面面市了，康师傅方便面品质精良、汤料香浓，杯装面和袋装面一应俱全，更重要的是它有一个“康师傅”的名字。

与此同时，报刊上、电视上，“康师傅”的广告铺天盖地，宣传最火热的时候平均每天仅在电视上就出现百次。如此“不计成本”的“狂轰滥炸”一番后，顶新集团的名声不胫而走，连京城3岁的小孩一见到矮矮胖胖的烹任师傅都不约而同地大嚷“康师傅”“康师傅”……在如此的宣传攻势下，京城迅即刮起了一场购买康师傅的快食面热：每天清晨，天津顶新公司的门前就排起汽车长龙，人们翘首等待着从生产线上下来的“康师傅”，有的客户甚至是在公司门口席地而卧连夜等待。

在京城一炮打红后，顶新集团立即挥师四面出击，大举占领全国市场，到1994年上半年，该集团总投资规模超过了3亿美元，企业达到12家，遍布于北京、天津、济南、上海、广州等地，日产康师傅快食面达30万包。

顶新集团以迅雷不及掩耳之势，迅速建立起他在中国快食面行业的霸主地位。

望尘莫及的统一集团

早在顶新集团未推出“康师傅”之时，统一集团的高层已注意到大陆快食面市场的名牌“空白”，当时也曾跃跃欲试，但就调研考察之时，没料到顶新集团先声夺人，推出了“康师傅”，旋即大红大紫起来。

眼看“康师傅”声名日隆，有可能称霸大陆快食面业这块世界上最庞大的市场。作为台湾饮食业“龙头大佬”的统一集团怎甘心被他身边的小弟不招呼一声就狼吞虎咽独吞起来？因此它也三步并作两步急急赶来要分得一杯羹。

就在电视上还在乐此不疲地大做“康师傅”的广告时，“统一面”也杀到了，一时间统一的广告也铺天盖地打将过来。“统一面”不像“康师傅”那样“平民化”，他以“贵族”的身份出现。迟来一步的统一集团只能企望以提高自己的品牌胜出“康师傅”。

但毕竟是迟人一步，“康师傅”已深入人心，尽管“统一面”刻意去做广告宣传，并不断追加成本，但收效远不及

“康师傅”，又加上其他快食面公司闻风而起，加入竞争，像“营养面”“一品面”“中华面”等等，迫使统一面的销售成绩与其广告投入并不相称。虽然争者甚众，但先声夺人的“康师傅”地位却难以动摇，更因其行动迅速，气势宏大，其地位更是日益加固，在中国大陆登上了“快食面大王”的宝座。

可见“先声夺人”给顶新集团带来了怎样的成功！

至今统一集团的总裁高清愿或许仍在暗自叹惜：“当初为什么就让顶新先行了一步呢？”

第七章

打赢营销阵地战要有顽强意志

一、上甘岭战役的启示

上甘岭战役是朝鲜战争后期僵持阶段的一次主要战役。战役由美国第9军发动，以争夺朝鲜中部金化郡五圣山南麓村庄上甘岭及其附近地区的控制权为主，属于“联合国军”金化攻势的一部分。此战在中美两国都产生了深远的影响。

上甘岭战役中涌现了不少可歌可泣的战斗英雄，如电话班副班长牛保才冒着铺天盖地的炮火前去查线，他一路上边躲避炮火，边接上断线，随身携带的整整一大卷电话线用完，还差了一截！已经多处负伤的牛保才来不及多考虑，一手抓起一头断线，用自己的身体接通了线路，用生命换来了三分钟的通话时间，营指挥所的一三五团副团长王凤书就在这宝贵的三分钟里向坑道部队下达了作战命令。负责掩护的机枪手赖发均人枪俱伤，他拿起一颗手雷带伤冲去，在向地堡接近途中，又多处负伤，但他一直匍匐到距地堡两米处，然后趴在地上稍事休息，积攒最后的体力，一跃而起，连人带手雷扑到地堡上，一声巨响与地堡同归于尽！几乎在同时，东南山梁上的8号阵地，四连一位叫欧阳代炎的副排长，双腿被炸断后，毅然滚入敌军群中，拉响手榴弹！还有八连苗族战士龙世昌带着爆破筒冲上敌人的主地堡，就快要接近地堡了，一发炮弹在他身边爆炸，左腿齐膝被炸断，但他仍顽强地向地堡爬去，终于爬到了地堡前，将爆破筒从射击孔中插进去，地堡中的美军马上又将爆破筒推出来，龙世昌再向里推，双方僵持着，龙世昌用胸脯死死顶住爆破筒，就在这时爆破筒爆炸了，地堡与他一起在火光中消失了，八连乘势收复阵地。

解放军作战的胜利靠的是顽强的意志，而企业要想在商海中搏击取胜，也必须有敢于战胜困难的勇气和毅力，有坚持到底的决心。

露露柠檬专一做瑜伽运动品牌

在中国，不少人愿意攒钱去买一只LV或GUCCI包，但在加拿大，女孩们更愿意用攒下的钱，去买一条露露柠檬的裤子。

加拿大商人丹尼斯·威尔森设计的露露柠檬瑜伽服，被誉为“加拿大第一专业运动品牌”。在北美，它是人们进行瑜珈、健身等运动时的首选，很多女孩都梦想拥有一件。

根据市场研究公司的数据显示，即便是在经济危机时，露露柠檬的“铁杆粉丝”也会花92美元买一条该品牌的运动裤，而耐克的一条运动裤也只不过60美元。

露露柠檬是怎么做到的呢？先来看看它的发展历程。

1998年，加拿大商人丹尼斯·威尔森参加了一个瑜伽班。

他发现，大多数学员都穿着棉涤纶混纺织物做成的运动服，这种服装既不贴身，也不太排汗。于是，威尔森制作了一种黑色的女用瑜伽锻炼裤，这种裤子使用的纺织材料既透气又合身。很快，威尔森在温哥华创立了露露柠檬公司，公司开设了小型设计室、零售店和瑜伽训练馆。

刚开始，威尔森亲自负责设计、制作衣服，并根据在这里练瑜伽的人的反馈意见加以改进。至今，他仍担任公司的首席设计师。

因为贴近客户，公司成立不久，就在温哥华本地广受赞誉。很快，露露柠檬就开始向其他城市扩张。对露露柠檬起关键作用的推广策略也是在这时候形成了，露露柠檬每到一地，都会和本地的瑜伽高手联手，这成了露露柠檬制胜的关键。

据公司首席执行官克里斯汀·戴介绍，在进入一座新城市开店之前，露露柠檬会先和当地的瑜伽教练或者其他健身课程的教练接触。露露柠檬为这些教练提供一年的免费服装，而后者则担任露露柠檬的“形象大使”，他们不仅在学生面前穿着露露柠檬的服装，并负责向公司提供有关设计方面的反馈意见。

此外，瑜伽教练们还可以代销露露柠檬，并给予购买者一定的奖品，比如提供免费的瑜伽课程，这些活动都由露露柠檬提供赞助，场所就在普通的阁楼或公寓里。

现在一些媒体把露露柠檬的这一行为定性为：像激光一样精准地服务于瑜伽服这一细分市场。这种做法一直延续到现在，拥有无数忠实“粉丝”的露露柠檬，还常年举办各种免费瑜珈、普拉缇以及SALSA舞蹈练习班，普及健康运动的理念与方法。

在曼哈顿的布莱恩特公园里，每周都会举办两次由露露柠檬公司赞助的开放式瑜伽课程。每次大约有400名妇女参加，这些参与者大多穿着露露柠檬品牌的瑜伽服装。

这些做法为露露柠檬带来了丰厚的回报。露露柠檬目前在全球拥有86家仓储式店铺，其中的大部分都能达到每平方英尺1710美元的销售业绩，大约是同类零售店的3倍。在未来几年里将全球的店铺数量增加至300家以上。瑞士信贷集团的高级分析师保罗·勒贾斯说：“它是目前成长最快的公司了。”

有数据显示，2007年，露露柠檬公司销售额跃升了85%，达到2.75亿美元；利润飙升了300%，为3100万美元。

能创造这么好的业绩，靠的不仅仅是市场上我们能见到的这些推广方法，在管理方面，露露柠檬同样拥有自己的方法。

公司的CEO克里斯汀喜欢亲自走访各家店铺，并从一线员工那里获得了不少有用的信息。在平常的早餐集会上，她喜欢这样问手下的员工：“在过去60天里，我做过的最愚蠢的事情是什么？”

克里斯汀介绍说：“聆听来自底层的声音是露露柠檬公司文化中最为重要的一部分。”在星期天，如果你在温哥华的露露柠檬专卖店购物，手忙脚乱地在试衣间里为你折裤边的女店员，有可能就是克里斯汀。

在露露柠檬公司，这是司空见惯的业务流程。从最高层管理人员、财务会计到设计团队，公司的每位员工每月都必须至少在店铺里工作8个小时。对一家零售企业而言，这种规定是非同寻常的。这是让员工贴近顾客的一种措施，而这些顾客就是正在日益壮大的瑜伽族。

克里斯汀待人十分和蔼友善，但她很坦率地承认，如何在公司不断发展壮大的同时提高消费者的信任度，这对她而言是很大的挑战："这不是我们能不能成为大公司的问题，这是我们能不能获得消费者信赖的问题。"

商场如战场。战场上有很多事情是无法预料的，关键时刻还是看谁有更加坚强的意志；商场也是变幻莫测的，随时会有意想不到的情况发生。面对困难，企业要勇敢面对，寻求解决问题的积极之道，而不是逃避。逃避，不会解决问题，只能让问题更加恶化。只有拥有啃硬骨头的决心，有董存瑞舍身炸碉堡的勇气，企业才能披荆斩棘，闯过难关，才能拔开乌云见天日。

无论是哪个企业，都必须有一种积极向上、不怕困难、披荆斩棘的创业精神，有一种面向市场、奋力开拓、敢为人先的创新精神。有了这种可贵的创业和创新精神，才能够把企业办好，才能够使企业在激烈的市场竞争中脱颖而出。

二、不遗余力抢夺主动权

所谓“市场主动权”就是在市场上能够引导消费，而不是一味地迎合消费，是制造流行，而不是跟风。“市场主动权”是通过渠道主导权、定价话语权等主要因素来控制的。“渠道主导权”就是市场控制力，企业能参与游戏规则的制订，能抢占竞争的制高点；而“定价话语权”就是摆脱“低质低价”的困扰，从价格导向转移到价值导向，逐步得到定价权，从而赢得用户的尊重。

数据库营销正在悄然改变着市场竞争格局。思科、惠普、戴尔、甲骨文等一大批跨国公司已经或正在用数据库赢得中国市场，IT领域的代表型企业联想也在开始尝试使用这种新的营销方式。

“市场营销和销售的风向真的变了，更多的企业转向了具有精益效果的数据库营销。”今天，这句著名的广告词被越来越多的人熟知，有着多年市场营销实践经验的甲骨文公司（Oracle）的一位高级市场经理指出，和以“广而告之”为特征的传统大众营销不同，数据库营销是企业通过管理客户信息，实施批量个性化的客户沟通策略，从而提升客户价值和企业盈利水平的新一代营销方式。

与戴尔自己应用数据库营销拓展市场不同的是，思科、惠普、EMC、甲骨文共同选择了北京世纪微码营销咨询有限公司（以下简称“微码营销”）作为商业合作伙伴，经实践证明，深具全球眼光和对本土有着深刻理解的微码营销在这个领域取得了极大的成功。

那么，就实际情况而言，数据库营销又是如何为IT企业服务的呢？在这个方面，甲骨文公司（Oracle）的例子具有典型意义。

甲骨文用数据库营销获得中国市场

近年来，美国世通、安然财务丑闻案、我国蓝田股份和银广夏的利润神话破灭事件等因公司治理失控引发的危机频出，使人们意识到公司治理的重要性和紧迫性。但是构筑卓越的公司治理体系绝非易事，企业面临着内部控制缺陷、财务管理不当、信息孤岛、手工作业繁多等问题，传统的IT系统和管理方式很难满足法规遵循和公司治理要求。

甲骨文公司适时提出了公司治理体系需要以先进的IT技术为支撑的理念，并提供了完整的公司治理架构及其IT解决方案，这是企业成就持续性法规遵循和公司治理的最佳实践。

为了推广公司治理方略，甲骨文公司制定了全球推广目标，并将关注焦点定位在企业的财务总监、财务经理上。但是现阶段跨国公司统一的推广方案因为无法兼顾不同国家、地区的客户需求差异和文化差异，虽然投入了巨额营销费用，但传播效果并不理想。那么，甲骨文公司将采取什么样的措施，完成总部的推广目标，使营销活动更有效呢？

首先，市场经理与微码营销一起对市场进行了研究，并从中找到了问题的症结所在：仅仅将目标联系人定位为财务总监、财务经理是不够的，经研究发现，目标客户的CEO、COO、CIO、IT经理等同样是重要的目标对象，他们从业务、技术角度决定需求和采购。

接下来，市场经理与微码营销策划了一套整合的直复营销沟通方案，来推广公司治理产品。此次活动采用EDM、Web-Site、网络宣传、财经类网站的Banner广告、直邮、针对性报刊夹寄以及电话访问等多种传播形式，计划向企业高层管理者、财务主管、IT负责人等20万目标受众传播甲骨文公司的理念及产品，挖掘销售机会、提升甲骨文公司的品牌知名度。

准确的数据是项目高效运行的保证。该项目通过仔细甄选，从Oracle、微码营销、中华财会网、《中国总会计师》杂志等处选择准确、符合要求的目标客户，成为项目顺利进行的保证。同时为了更准确地了解受众对活动的反响，项目组还抽样选择了3000名客户，通过电话访问的方式获取了丰富的第一手信息。事后证明，这些准确、科学的数据为甲骨文公司正确评价各种广告方式提供了坚实的基础，成了项目顺利进行的保证。

最终，经过两个多月的紧张实施，项目圆满结束，宣传效果和收益远远超出预期。这次整合营销传播活动被亚太总部誉为“最佳实践（BestPractice）”，甲骨文公司在竞争中脱颖而出。其中数据库营销发挥了极大作用。五种手段互补，分别覆盖不同层面的客户，传递相同的主题，给受众留下深刻印象。此次活动向20多万人传播了甲骨文公司的公司治理理念及IT解决方案，有将近2万人对活动有兴趣，阅读了宣传资料或访问了宣传网站；有2000多人填写了反馈问卷，并下载、阅读了《甲骨文公司公司治理架构》手册；最终挖掘出900多个销售机会。

事实上，作为一种逐渐被中国市场认可的新型营销手段，数据库营销开始发挥着越来越大的作用。那么，其他跨国IT企业又是如何借助数据库营销取得成功的呢？

回顾历史，人们发现中国IT领域的数据库营销是由美国戴尔公司带入的。之前的中国电脑市场是一个典型的分销市场，生产厂商没有客户数据库，甚至根本不知道自己的客户是谁。戴尔公司则完全掌握客户信息，甚至将中国大部分有销售价值的机构客户信息添加到公司的数据库系统中，进而通过大规模的电话营销和直邮推广，使公司和客户建立起了直接的关系。随着客户数据库的完善，普通媒体的广告越来越不重要，直接营销推广得越来越多。其他竞争厂商在这方面将陷入更加被动的局面。

戴尔之后一大批跨国公司采用了数据库营销这种方式拓展

中国市场。

全球知名的IT服务商Cisco策划并实施了整合数据库营销计划，包括数据库的建立与管理、销售机会挖掘、产品促销推广等，结合传统的营销沟通项目，国内的数据库专业公司微码营销帮助Cisco了解和赢得中国市场。

EMC作为全球领先的存储产品和解决方案提供商，希望在原有的大型企业机构用户的基础上，开拓更大范围的商用客户市场，扩大在中国的市场份额。如何拓展近300，000家的中小企业市场？微码营销为该厂商规划并实施了缜密的数据库营销计划，通过系列营销活动进行产品推广，销售机会挖掘，潜在客户培育，关键客户关系维护，直接促进了销售额的增长。

VIP客户是公司利润的主要来源，如何与他们建立相互了解的信任关系，进而促成销售机会的产生是HP市场人员面临的挑战之一。微码营销为HP策划并实施了VIP俱乐部项目“龙腾俱乐部”，采编设计制作会员刊物《龙腾之声》以及在线会员网站，传递HP动态、技术进展以及产品信息，通过一系列个性化沟通，逐步深化客户关系，并结合阶段性营销需求策划特别的沟通活动。

营销利器改变市场竞争格局

随着数据库营销在中国的兴起，越来越多的企业愿意把钱投入到具有精益效果的数据库营销上来。2004年中国广告市场总量为1200亿元人民币，数据库营销广告市场不足总量的2%，约20亿人民币。可见，在国外已广为应用并创造了巨大商业价值的数据库营销模式在中国具有巨大的发展空间。

而作为数据库营销行业领导型企业的微码营销的不断走向成熟，则从另一个侧面反映出国内市场上升发展的良好趋势。从2003年开始，微码营销以100%的扩张速度，超过30%的利润率飞速增长。截止今天，微码营销已经发展成为中国数据库营销和直复营销服务领域的领导者，致力于向客户提供整合的数据库营销及直复营销服务。

时代杂志预测：DataMining将是21世纪最热门的五大新兴行业之一。目前，数据库营销在中国已是许多传统企业和国内外投资者高度关注和准备进入的“百亿蓝海”。

微码营销公司总裁一针见血地指出：“所有注重客户的企业都在从事数据库营销！不掌握客户信息的企业、不会分析和利用客户信息的企业，都将在新一轮的市场竞争中消失。”

三、转换战术，眼前就会柳暗花明

市场是不可改变的，因为市场营销并不能使市场结构或消费者的购买模式发生很大变化，也不能在很大程度上改变未来顾客的看法。尽管如此，人们对改变市场机制仍寄予希望。营销人员坚信他们可以借助广告改变人们的消费行为，这就像把房门打开以改变气温的情形一样。所以，广告业每年用于反对毒品的宣传费用高达5亿美元。而毒品贩子和毒品批发商，尽管财源滚滚，在这方面却不舍分文。当然，禁绝毒品的需求，任何营销努力都不能消除人们的需要与欲望。酒精类饮品的消费在美国曾一度被视为非法，然而是谁最后赢得禁酒战的胜利？是政府还是大众？

不要试图与市场抗争，市场营销计划的目标不应是改变人们的思想，而是要对潜伏在人们头脑中的想法与观念“积极而巧妙地”加以利用。而营销人员却常常对因外部事件或环境影响所引发的变化进行抵制。他们牢记莎士比亚的教诲：“首要的是自己要坚定不移。”

幻想改变市场

自上而下的战略计划几乎无一例外地试图使市场产生某种变化，而由于这种变化不可能实现而使计划落空，战争中这样的例子不胜枚举。1942年，希特勒关于俄国前线的南部战略要求攻取斯大林格勒，以打通通往高加索的石油产区的道路，但弗雷德里奇士波鲁斯却未能达到这一目的。

许多自上而下营销计划遭到与波鲁斯第六集团军在顿河一战中的同样命运，由于计划不能丝毫改变潜在顾客的观念和愿望而流产。施乐公司的总战略意欲在计算机领域一展身手，以打破施乐意味着复印机而与计算机无关的成见。“我们能够改变这种观念”，公司的主要负责人信心十足地说。然而，事与愿违，尽管它在这方面耗资数十亿美元，施乐在人们的心目中仍然是复印机的代名词。

逆向营销的实质是接受已为人们所认可的观念，在公司内部进行相应的调整，不要枉费心机地试图改变顾客，要改变的应是赢得顾客的方式。在这里，我们借用一位男士服装老板的名言来说明这个问题：“如果顾客需要一件蓝色套装，那就打开蓝色的灯。”不必试图使他相信，他穿灰色服装更合适，即使实际情况的确如此。在逆向营销过程中，公司内部始终在发生着变化，这种变化倒未必是撼天动地之举，有时只不过是打开蓝色的灯之类的小事。

策略转变一：改变名称

随着时间的推移，一些公司的名称变得过时了。以西部联盟公司为例，正是这家成立于1851年的公司率先引进电报系统，十年后就把“宝驹快递”挤出邮递领域；也正是这家公司，又正陷入被挤出商业领域的困境，因为它拒绝对公司进行必要的根本性变革。

因此，不要总是试图改变消费者的观念，而应有针对性地改变公司的名称。“黑人”连锁餐馆一直力图保持自己的名称。其结果，一度拥有1000多家分号、美国最大一家咖啡店连锁的企业终以破产而告终。一个带有种族歧视或性别歧视的名称是不得人心的。如果你有一个这样的名称，那么立即改掉它。如果企业或产品的名称无益于实施战术并将其发展成一种战略，你就须更换名称，这是逆向营销战略发展过程的关键因素之一。目前，改变名称的情形比人们想象的更为普遍。在最近一年中，有1753家美国公司更换了名称。

策略转变二：改变产品或服务

在把战术发展成战略的过程中，最为普遍的变化是对产品或服务作适当的调整。

让我们先看一家银行的例子，该银行在其汽车货款业务中，发现了一个颇具吸引力的战术性的机会，即以24小时完成竞争对手需要48小时才能完成的汽车货款手续。在竞争激烈的银行业，用对手一半的时间就完成一笔汽车货款业务，是一种很有利的战术。但考虑到银行业的特点，要长期独有此优势不大可能。（一种战术的命运总是这样，它行不通时，企业会遭受损失；它行之有效时，又会被对手模仿。）于是，该银行把24小时汽车贷款战术发展成为一项战略。银行调整所有的工作程序，以加快各项业务的进行，把决策权下放到基层（它就班后，银行就发起一场把自己塑造为“运转最快的银行”的市场营销攻势。“时间就是金钱”，一则广告这样说；另一则广告则说“请不要干扰银行的工作，银行也不要耽误顾客的时间”。通过率先采用高速运转战略，该银行有效地阻止了竞争对手的模仿。应当说明的是，竞争者往往并不为抄袭他人的战术而感到羞愧不安，美国人曾开发出命名为“Advantage”的频繁搭客计划，但这并不能阻止其他航空公司推出自己的频繁搭客计划。但战略则不同，一个好的战略是难以被效仿的。不知全国汽车出租公司的人是否愿意告诉世人，它的战略就是“工作更刻苦”。

另一方面，许多企业由于缺乏产品连贯性，即将新产品的开发限制在一定的范围内，而丧失把一种成功的战术性“产品”发展成为企业的长期战略的良机。例如，索尼公司在电子行业中最早提出“小型化”概念，“微型电视”被著名的索尼广告广为宣传。就索尼公司的实力而言，它完全可以把这种“小型化”战术作为一项战略，从而独占“小型化”电子产品市场。遗憾的是，索尼又将资源投入生产大型电视机，包括

48英寸投影设备（与大众汽车公司的做法如出一辙）。这些企业什么都想得到，我们已拥有“小”市场，现在我们要全力以赴夺取“大”市场，这就是那种最后变得一无所有公司的生动写照。

策略转变三：改变价格

我们应当把制定合理的价格放在首位，一旦一种产品的心理价格确定以后，就很难再改变。有关定价成功或失败的例子俯拾皆是。

卡迪拉克的“阿兰雷”车卖不到5.6万美元，因为在消费者看来，一辆卡迪拉克并不值5.6万美元。“巴利”鞋的订价则恰恰相反，“巴利”在美国高档鞋市场上十分走俏，但如果你访问它的“巴利”总部所在地——瑞士，就会发现一些有趣的事实，“巴利”鞋既非高档鞋亦非低档鞋，其价格从低到高一应俱全。而采用高价战术，“巴利”得以在美国市场上开发出一个有效的战略。“大力士”金酒的例子更是令人啼笑皆非，在它的产地，“大力士”是一种低价产品，而在美国消费者的心目中，委实再难以容下另一种低价的杜松子酒。因此，在美国市场上，“大力士”摇身一变，成了高价杜松子酒。这种高价战术大获成功，“大力士”每年销售量达一百万箱。

策略转变四：改变观念

世界上最难以改变的事情是人们的观念，这种改变包括

“忘却”某种感觉与“记住”另一种感觉。

你是否曾试图忘掉某事？在你的生活中，最使你感到难堪的是什么？是否有些人说的话曾深深地伤害了你？哦，忘掉那不愉快的时刻吧！不，你做不到。这便是观念转变之所以困难的本质原因。事实上，努力改变某种观念的过程，常常会出现相反的效果，即只会强化先前持有的看法。

市场营销人员应该仔细琢磨所要传递的市场信息，鉴于你所作的任何一项声明都潜含着相反的意义，有话直说反而会适得其反。对于读者或旁观者来说，反过来理解你所传递的信息易如反掌。当一个汽车经营商大喊大叫：“我们像疯了似地销售汽车。”消费者会自言自语道：“他们可能认为或不相信他们能销出那么多汽车。”假如有话直说的方式在广告或市场营销中不起作用，该当如何呢？你必须深入人们的内心深处寻根挖底，然后对症下药，制定相应的广告战术。切记，不要试图改变人们的观念。

四、宜将剩勇追穷寇

名句“宜将剩勇追穷寇，不可沽名学霸王”，出自毛泽东的《七律·人民解放军占领南京》。

《毛泽东军事文选》中写道：“国民党政权被我们基本打倒了。基本地打倒国民党，不等于全部地打倒国民党，中国尚有许多敌军等待我们去歼灭，尚有许多地区等待我们去占领、去工作。轻敌的观念无论何时是不应该有的，我们决不要让胜利冲昏了自己的头脑。”

此外，毛泽东发布了《向全国进军的命令》：“奋勇前进，逮捕一切怙恶不悛的战争罪犯。不管他们逃至何处，均须缉拿归案，依法惩办。”

我国古代兵法家孙子在其《孙子兵法·军事篇》中的用兵八则中曾提出“穷寇勿追”，历史上许多兵家赞成孙武的这个观点，但是现代伟大的军事家毛泽东，却敢于提出与之相反的“宜将剩勇追穷寇”，应该敢于打歼灭战的思想，并以“不可沽名学霸王”的历史教训告诫人们。

在现代商战中，经营者都渴望自己企业的产品在市场的占有率节节攀升，成为独占鳌头的强者。但垄断市场不是一件容易的事，因为要在敌手如云、竞争激烈的领域里赢得绝对优势，不论是财雄势大的强者，还是机遇独得的幸运者，皆因相互掣肘，力量抵消而难以如愿。只有别出心裁，开发垄断性产品，在某一方面独树一帜，方能遂愿。德国出口的众多产品，约有25%是他们所特有的，以至可随意提高卖价。日本开发的垄断性产品，一旦发现有人随后而赶，立即另辟蹊径，与后追随者拉开距离。在国际市场竞争中，德国、日本正是凭借这些垄断性产品而赢得巨额外贸顺差的。面对当今的激烈市场竞争，开发垄断性产品，不仅是最有力、最有效的垄断，还能在客观上促进社会的长足进步。所以不论是从国际市场竞争的需要上看，还是从有利于社会进步上看，我们社会主义国家及其企业都应当以极大的努力去开发垄断性产品。

要想开发垄断性产品，从而独霸市场，把专利技术引向企业，进行生产是一条有效途径。在当今专利技术市场群雄逐鹿的国际环境中，谁拥有专利技术，谁就能在激烈的竞争中处于独霸占有优势。如日本的东芝、日立、丰田等大公司，为了保护自己的知识产权和经济利益，使本企业的产品垄断国际市场，年申请国外专利往往超过万项，这些公司拥有专利权多达几万至十几万项。企业是实施专利技术的重要基地，直接面对国内外市场，经营者应当高度重视专利工作，充分利用专利法保护自身的权益，把专利技术的实施列入技术改造、新产品试制、技术引进等计划中，以开发出自己的能够垄断市场的专利产品，去称霸市场。

垄断技术的奥妙

瑞士一位研究生研制成功了一支电子笔和一套辅助设备，可以用来修正遥感卫星所拍摄的照片，这一发明引起了世界各国的重视。美国一家大公司立即派人到瑞士，将这位研究生的发明买下，回到美国后，这家公司立即将这一发明投入生产，并申请了生产专利。

某大学物理教授，研制出一种经久耐用、不易烧断的钨丝。美国一家灯炮厂得知这一消息后，立即将这一发明买下，并与发明者签约：未经该公司许可，不得声张。原来该公司价值上亿美元的灯泡还未出售，新产品一旦出现，该灯泡厂的损失将不堪设想。隔段时间，待他们的灯泡销得差不多时，他们便将这一发明投入生产并公布于众。

20世纪40年代，美国一家小厂的厂长威尔逊，看准了知识爆炸的信息时代各类信息事业对新技术的渴求，使用重金聘请专家潜心研究，发明了新式复印机。他立即申请并获得了这一发明专利后，便组织塞罗克斯公司大量生产，然后，把成本只有2400美元的新式复印机，以29500美元出售，利润远远超出法律允许的范围，被当局禁止出售。这下，正合威尔逊的心意，因为，新式复印机在当时还没有第二家，他正好可以合法向各大公司开展出租服务。尽管塞罗斯公司一再扩大生产，新式复印机依然供不应求，威尔逊租赁新式复印机所得利润，比合法出售产品所得利润还要高数倍。短短一年，威尔逊便成了当时美国屈指可数的亿万富翁，并被人们推为“复印机大王”。

第八章

执行力直接影响营销阵地战的战斗力

一、打胜营销阵地战离不开企业智商

企业智商就是指某个商业组织通过不断地学习和实践，全体员工所共同拥有的整体的、有机的、具有组织特色的理论知识、思维模式和运营经验与能力。

企业智商的内涵

1. 企业智商是全体员工所共同拥有的。个人智商通常表现为单个个体的理论思维和操作能力，但企业智商则是全体员工合力形成的，它不专为某个人拥有，即企业领导者和关键员工不能全面把握和控制它，当然，作为企业的决策者和优秀员工可以影响和提升它，但同时企业智商又属于组织中的每一个人，即每个员工都可以为之贡献，即它可以实现共享。

2. 企业智商是整体的，这是在共享基础上的提升，因为商业组织的人员是具有流动性的，但是真正良好的企业智商并不受到人员流动的影响，至少不会因为关键员工的流失而使企业智商体系崩溃。

3. 企业智商是有机的，商业组织中每个人员的智商简单相加或积累还远远形不成真正的企业智商，只有通过某种机制和组带将每个人的智慧联系起来，并形成升华、结晶才能真正形成企业智商。

企业智商的重要性

1. 企业智商是衡量组织绩效的指标，是划分绩优企业和绩劣企业的决定性因素，高企业智商的公司会稳步上升，而低企业智商的公司则注定要在末端徘徊。

2. 只有当公司的战略、管理能力与竞争环境相匹配时，公司才能达到最优的财务业绩，企业智商不仅是企业战略决策的基础，也是企业执行能力的基础，因此，它决定了企业的运营模式和赢利能力，只有真正“聪明”并且不断地使自己更聪明的企业，才能立于不败之地。

企业智商的具体表现形式是各种无形资产，诸如专利，商标，许可证，企业形象，顾客忠诚度，管理技能，等等，不同种类的无形资产会给企业带来不同的价值。例如，专利给企业带来的是一种直接增值活动，出售受专利保护的产品和服务，要采用特许经营。

如何提高企业智商

为了提高企业智商企业会做哪些努力呢？烟草商业企业首先建立自己的商业智能系统，从信息化走向智能革命，运用计算机网络和自己的数据库资源提高整个企业的“智商”。

智商需要信息化与智能化，但绝不仅仅是信息化与智能化。智商需要以具体的指标来衡量和体现，以按订单组织货源标志，反映烟草流通企业智商水平的核心指标是“三率一度”，即市场预测准确率、订单的满足率、销售的增长率和品牌的集中度。提高“三率一度”，关键要把握好“两个结合”“两个互动”，即品牌与市场的结合，客户与客户经理的结合，批零互动和工商互动。

二、执行力就是营销阵地战的战斗力

执行力可以理解为：有效利用资源，保质保量达成目标的能力。执行力指的是贯彻战略意图，完成预定目标的操作能力，是把企业战略、规划转化成为效益、成果的关键。执行力包含完成任务的意愿，完成任务的能力，完成任务的程度。对个人而言执行力就是办事能力；对团队而言执行力就是战斗力；对企业而言执行力就是经营能力。而衡量执行力的标准，对个人而言是按时按质按量完成自己的工作任务；对企业而言就是在预定的时间内完成企业的战略目标，其表象在于完成任务的及时性和质量，但其核心在于企业战略的定位与布局，是企业经营的核心内容。

执行力既反映了企业的整体素质，也反映出管理者的角色定位。管理者的角色不仅仅是制定策略和下达命令，更重要的是必须具备执行力。执行力的关键在于透过企业文化影响员工的行为，因此管理者很重要的角色定位就是营造企业执行力文化。管理者如何培养下属的执行力，是企业总体执行力提升的关键。如果员工每天能多花十分钟替企业想想如何改善工作流程，如何将工作做得更好，管理者的策略自然能够彻底地执行。

执行力分为个人执行力和团队执行力。

个人执行力是指每一单个的人把上级的命令和想法变成行动，把行动变成结果，从而保质保量完成任务的能力。个人执行力是指一个人获取结果的行动能力；总裁的个人执行力主要表现在战略决策能力；高层管理人员的个人执行力主要表现在组织掌控能力；中层管理人员的个人执行力主要表现在工作指标的实现能力。

团队执行力是指一个团队把战略决策持续转化成结果的满意度、精确度、速度。它是一项系统工程，表现出来的就是整个团队的战斗力、竞争力和凝聚力。个人执行力取决于其本人是否有良好的工作方式与习惯，是否熟练掌握管人与管事的相关管理工具，是否有正确的工作思路与方法，是否具有执行力的管理风格与性格特质等。团队执行力就是将战略与决策转化为实施结果的能力。许多成功的企业家也对此做出过自己的定义。通用公司前任总裁韦尔奇认为所谓团队执行力就是“企业奖惩制度的严格实施”。而中国著名企业家柳传志认为，团队执行力就是“用合适的人，干合适的事”。综上所述，团队执行力就是“当上级下达指令或要求后，迅速做出反映，将其贯彻或者执行下去的能力”。

执行力是企业资产的基石。企业的执行力是一个系统、组织和团队。一个企业是一个组织，一个完整的机体，企业的执行力也应该是一个系统、组织和团队的执行力。执行力是企业管理成败的关键。只要企业有好的管理模式、管理制度，好的带头人，能充分调动全体员工的积极性，管理执行力就一定会得到最大的发挥，企业就一定能创造百年企业的目标。企业要实现“办一流企业、出一流产品、创一流效益”的经营宗旨，解决管理中存在的问题，就必须在员工中打造一流的企业执行力。一个执行力强的企业，必然有一支高素质的员工队伍，而具有高素质员工队伍的企业，必定是充满希望的企业。

要提高企业的执行力，不仅要提高企业从上到下的每一个人的执行力，而且要提高每一个单位、每一个部门的整体执行力，只有这样，才会形成企业的系统执行力，从而形成企业的执行力、竞争力。

要加强企业执行力的建设，就要在组织设置、人员配备及操作流程上有效地结合企业现状，将企业整合成为一个安全、有效、可控的整体，并利用在制度上减少管理漏洞，在目标上设定标准，在落实上有效监督，使企业执行力自然而然得到有效提高。

执行力差是企业的最大内耗，不仅会消耗企业的大量人力、财力，还会错过机会，影响企业的战略规划和发展。要提高企业的执行力，首先要从管理上体现，用管理的方法来形成企业的整体风格和氛围，最后使整个企业和人员都具备这种能力。

在这个世界里，人之所以有优秀与一般的区别，就在于优秀者更有实现构想的能力。这是因为一个人的执行力，而不是因为他更有思想。企业亦如此，一个优秀的企业跟其他企业做着同样的事情，只是比别人做得好，落实更到位，执行得更有效果而已。

不要扭曲“执行力”。近几年，国内的企业也非常提倡“执行力”。有人可能会说，企业的成功说到底就是执行力，执行力起着至关重要的作用。特别是中国，五千年来，从政府到企业到家庭，我们都是一个家长制的国家。那么我的问题是，结合中国的国情，我们考虑企业的发展，考虑员工的成长，我们应该更多地培养员工的执行力，还是应该更多地培养员工的对抗性观念。因为我们谈到建设，实际上我们非常提倡创造性的建议，但是建设性的对抗，可能里面就或多或少与你现在所执行的、占你领导给你贯彻的理念有一些对抗，所以说关于“建设性对抗”和这种执行力，我们看看更多地应该培养员工哪一方面的能力。这个执行力最强的就是林彪了，他对毛主席的执行是理解的执行，不理解的也要执行，在执行中加以理解。

对于一个企业，从根本上讲，上面是战略，后面是执行力，“建设性对抗”可能是为了制订更好的战略和更好地去执行。很多中国企业，应当说这个职业化的水平，从全球看还是存在一些不足的。实实在在讲，我们的事业化的素质和职业化的精神还是需要不断地完善的，在这样的背景下，对于大多数的企业，应该说执行力是更重要一些。

如果说执行力的基本保障没有了，“建设性对抗”只能变得更加混乱和无效。“建设性对抗”在职业化比较好的一些企业，而且是管理水平相对比较高的一些企业里面，才能够发挥作用。如果不具备这些条件，那么“建设性对抗”给企业会带来很多的麻烦。

执行力是基础，是根本，或者是根，是雪中送炭。而“建设性对抗”是锦上添花，是在这个执行力很好的基础之上的一种改善和提升，它们应该是第一阶段和第二阶段的问题，不能把两个并在一起的，这是鱼和熊掌要哪个的问题，其中前者是一个文化的建设，如何快速更快速发展的问题。

如果我们真的能做到“建设性对抗”，无疑是增加了这个执行力，就是说你同意也要执行你不同意也要执行的，因为你对这个东西不认同了，你不执行后果是更严重了。所以说你达到了“建设性对抗”的这种效果的话，它一定是加强了执行力的，在这一点上更怕的是你根本达不到，就是说你这个应用没法儿用下去，更多的是人家不对抗，人家不说。它反对不反对是在肚子里，不说的，这样的一个层面是我们最担心的一个问题。这个方法本身是没有问题的，你应用不下去，是应用效果不佳的问题。

执行力差的三大原因

通过对大量国内企业的研究并与外企进行对比，可以发现执行力差的原因不外乎以下三个方面：

1．员工不知道干什么。有的公司没有明确的、能够落实的战略规划，没有明确的营销策略，甚至没有年度营销大纲，使员工得不到明确的指令；也有的公司营销策略不符合市场需求，员工只好自发地进行修改；还有一些公司政策经常变，策略反复改，再加上信息沟通不畅，使员工们很茫然，只好靠惯性和自己的理解去做事。这就使员工的工作重点和公司脱节，公司的重要工作不能执行或完成。

2．不知道怎么干。外企的员工入职后一般都要经过严格的培训，几年前外企流行招聘非医药专业的大学生做代表，但是正式上岗前都要把产品知识烂熟于胸，都要经过1-2周的销售技巧培训，以后每年都有规定时长（如40小时/每年）的培训。

而国内企业则不然，要么没有培训直接上岗，要么培训没有针对性和操作性，如有的公司对员工做励志培训和拓展训练，使员工热血沸腾但工作怎么干还是不知道；有的公司给低层员工做一些行业趋势、宏观战略的培训，也还是没有交给他们方法。

当然，这里面还有一个比较普遍的深层次原因，就是中高层领导业务能力差，自己不知道怎么干，就没法对下面的人说清楚，总监说不清，经理也说不清，最后是真正执行的最底层不会干，有苦说不出。

3．干起来不顺畅。如果士兵在前线打仗，后勤给养供应不上，通讯中断，请求支援但是指挥部没有反应，负伤了得不到快速的救护，那士兵的斗志显然会受到很大的影响。

三、如何培养强有力的执行力

"执行力"是什么？有多种说法，不同的感受和不一样的体会有不同的答案。有的人认为："好的思想靠行动，好的概念靠运作，好的制度靠实施"这就是执行力；有的人认为："是企业的规则没有得到执行，所以没有达成目标"这就产生了"执行力"的概念；还有人认为："执行"就是"做"，只是事情的复杂程度不同，需要的做事能力也不同而已。美国哈佛商学院教授保罗·托马斯和剑桥大学博士大卫·伯恩是这样诠释"执行力"的：它是一整套行为和技术体系，能够使企业形成自家独特的竞争优势。

执行力是企业组织和个人贯彻落实企业决策的力度。企业的战略与计划固然重要，而只有执行力才能使之体现出实质的价值，只有执行力才能将这些落到实处，并且将其有效地联结和整合起来，才是竞争中取胜的根本保证。在缺乏执行力的情况下，企业拥有的一切优势都难以贯彻，都难以在激烈的市场竞争中脱颖而出，都会失去企业长久生存和成功的必要条件，同时也可以说，没有执行力，就没有竞争力。

在实际工作中往往会出现这样那样的问题，也就是我们常说的执行不力。如果在执行过程中产生了各种偏差，甚至错误，就会对给实际运做效果乃至最后的结果产生极大的影响，打很大的折扣，甚至导致项目的失败，方案的流产。

在营销业，因为营销的目标就是制定各种营销政策、营销方案，通过实施这些政策、方案，以求消费者认可产品，而最终产生购买行为。在这个过程中，执行力问题就显得犹为关键。

企业执行力差的原因，很大程度上在于销售人员不能正确执行公司政策，这主要是因为一方面销售人员缺乏正确的意识，另一方面销售人员也缺乏足够的专业技能。因此，管理者总是希望让销售人员接受大量的培训，通过培训来改变认识、提高专业技能，从而强化执行力。其实，这是一个误区，他们将注意的焦点过于集中在销售人员身上，采用的也是“治标不治本”的手段。

管理者往往忽略了分析自己。事实上，执行力差的根源恰恰是管理者造成的：不少管理者将目标与计划等同了起来，认为自己制定了企业的策略发展目标，就等于制定了策略的执行计划，正是这种错误认识造成了执行力的薄弱。策略目标只是发展方向，是一种主观愿望，而如何采取恰当的方式来达成目标才是执行计划。执行的对象是什么？是计划，是方案，仅仅依靠目标无法推动销售人员有效执行企业策略，因为每个人对如何达成目标的理解不同，采取的执行手段也就不同，这都使目标在执行过程中存在非常大的不确定性，从而造成了巨大偏差。

执行力的关键在于销售人员行为的一致性。这种一致性不是来自于策略目标，而是来自于营销执行计划。但是，很多企业的整体策略思想都在管理者一个人的大脑中，平常都是通过与销售人员之间的沟通来推动策略执行的，这就存在一种状况：经常沟通的人容易理解管理者的策略意图，而不常沟通的人则只能依靠自己的理解行事，偏差也就难以避免了。口头沟通的方式无法将策略正确转化为一致的行动，必须通过规范化的形式来完善营销执行计划，让销售人员必须按照营销执行计划的要求展开行动。

那么如何才能做好营销执行计划呢？其关键在于：一要准确定位，二要明确目标，三要确定预算，四要合理分解，五要有效转化，六要强化规范，七要动态跟进。制定营销执行计划时，不仅要考虑整体层面，还必须注重对策略的分解，要通过时间、产品、渠道、区域等各方面来丰富执行计划体系；同时，必须以具体的实施方案，确立执行的具体步骤，以便于监控与考核；另外，除了企业总部制定执行计划，分支机构也必须按照规范化的格式制定区域执行计划，并且要维持总部与分支机构之间的策略互动；再有，必须定期对计划的执行状况进行总结、分析和调整，要不断检讨总部和区域的执行状况。抓住了这几个关键点，就能够通过营销执行计划来统一、规范销售人员的行为，从而迅速提高策略的执行力。

一马失社稷

国王理查三世和他的对手里奇蒙德伯爵亨利要决一死战了，这场战斗将决定谁统治英国。

战斗进行的当天早上，理查派了一个马夫去备好自己最喜欢的战马。“快点儿给它钉掌，”马夫对铁匠说，“国王希望骑着它打头阵。”

“你得等等，”铁匠回答，“我前几天给国王全军的马都钉了掌，现在我得找点儿铁片来。”

“我等不及了。”马夫不耐烦地叫道，“国王的敌人正在推进，我们必须在战场上迎击敌兵，有什么你就用什么吧。”

铁匠埋头干活，从一根铁条上弄下四个马掌，把它们砸平、整形，固定在马蹄上，然后开始钉钉子。钉了三个掌后，他发现没有钉子来钉第四个掌了。

“我需要一两个钉子，”他说，“得需要点儿时间砸出两个。”

“我告诉过你等不及了，”马夫急切地说，“我听见军号了，你能不能凑合?”

“我能把马掌钉上，但是不能像其他几个那么牢实。”

“能不能挂住?”马夫问。

“应该能，”铁匠回答，“但我没把握。”

“好吧，就这样，”马夫叫道，“快点儿，要不然国王会怪罪到咱们俩头上的。”

两军开始交战了，理查国王冲锋陷阵，鞭策士兵迎战敌人。“冲啊，冲啊!”他喊着，率领部队冲向敌阵。远远地，他看见战场另一头几个自己的士兵退却了。如果别人看见他们这样，也会后退的，所以理查策马扬鞭冲向那个缺口，召唤士兵调头战斗。

他还没走到一半，一只马掌掉了，战马跌翻在地，理查也被掀在地上。

国王还没有再抓住缰绳，惊恐的畜生就跳起来逃走了。理查环顾四周，他的士兵们纷纷转身撤退，敌人的军队包围了上来。

他在空中挥舞宝剑，“马!”他喊道，“一匹马，我的国家倾覆就因为这一匹马。”

他没有马骑了，他的军队已经分崩离析，士兵们自顾不暇。不一会儿，敌军俘获了理查，战斗结束了。

从那时起，人们就说：少了一个铁钉，丢了一只马掌；少了一只马掌，丢了一匹战马；少了一匹战马，败了一场战役；败了一场战役，失了一个国家。

所有的损失都是因为少了一个马掌钉。

这个著名的传奇故事出自已故的英国国王理查三世逊位的

史实，他1485年在波斯战役中被击败。而莎士比亚的名句：“马，马，一马失社稷。”使这一战役永载史册，同时也告诉了我们这样一个道理：一个细小的执行力出了问题，却能影响一场战争。

洗手套的启示

一个冬天的晚上，9时许，美国西点军校一位军官交代给他的学生一个任务：把军官的脏手套洗干净，次日要用。学生立刻回宿舍帮军官清洗手套，洗手套不难，难的是如何让手套在第二天变干。学生先是把手套拧干，再拿干毛巾把手套卷起来吸干水分。到了凌晨3点，学生就把手套靠在窗口，晃动双手，让风把手套吹干，吹了一晚上，到了早上6点，学生终于把晾干的手套交到了军官手上。

美国西点军校里有一个广为传诵的悠久传统，就是遇到军官问话，只有四种回答：“报告长官，是！”“报告长官，不是！”“报告长官，不知道！”“报告长官，没有任何借口！”除此之外，不能多说一个字。

据美国商业年鉴统计，二战后，在世界500强企业中，经过西点军校培养的董事长有1000多名，副董事长有2000多名，总经理，董事一级的有5000多名。任何商学院都没有培养出这么多优秀的经营管理人才。“不要推诿责任，不要逃避挑战，用心地完成上级交给你的任务，这是一个基层员工执行力的表现。”

疏忽永远不能造就良好的执行力

2008年9月15日上午10时，拥有158年历史的美国第四大投资银行——雷曼兄弟公司，向法院申请破产保护，消息转瞬间通过电视、广播和网络传遍地球的各个角落。令人匪夷所思的是，10时10分，德国国家发展银行居然按照外汇掉期协议的交易，通过计算机自动付款系统，向雷曼兄弟公司即将冻结的银行账户转入3亿欧元。毫无疑问，这笔钱将是肉包子打狗有去无回。转账风波曝光后，德国社会各界大为震惊。财政部长佩尔·施泰因布吕克发誓，一定要查个水落石出，并严厉惩罚相关责任人。

一家法律事务所受财政部的委托，进驻银行进行全面调查。几天后，他们向国会和财政部递交了一份调查报告，调查报告并不复杂深奥，只是——记载了被询问人员在这10分钟内忙了些什么。这里，看看他们忙了些什么。

首席执行官乌尔里奇·施罗德：我知道今天要按照协议预先的约定转账，至于是否撤销这笔巨额交易，应该让董事会开会讨论决定。

董事长保卢斯：我们还没有得到风险评估报告，无法及时做出正确的决策。

董事会秘书史里芬：我打电话给国际业务部催要风险评估报告，可是那里总是占线。我想，还是隔一会再打吧。

国际业务部经理克鲁克：星期五晚上准备带全家人去听音

乐会，我得提前打电话预定门票。

国际业务部副经理伊梅尔曼：忙于其他事情，没有时间去关心雷曼兄弟公司的消息。

负责处理与雷曼兄弟公司业务的高级经理希特霍芬：我让文员上网浏览新闻，一旦有雷曼兄弟公司的消息就立即报告，现在我要去休息室喝杯咖啡。

文员施特鲁：10时3分，我在网上看到雷曼兄弟公司向法院申请破产保护的新闻，马上跑到希特霍芬的办公室。当时，他不在办公室，我就写了张便条放在办公桌上，他回来后会看到的。

结算部经理德尔布吕克：今天是协议规定的交易日子，我没有接到停止交易的指令，那就按照原计划转账吧。

结算部自动付款系统操作员曼斯坦因：德尔布吕克让我执行转账操作，我什么也没问就做了。

信贷部经理莫德尔：我在走廊里碰到施特鲁克，他告诉我雷曼兄弟破产的消息。但是，我相信希特霍芬和其他职员的专业素养，一定不会犯低级错误，因此也没有必要提醒他们。

公关部经理贝克：雷曼兄弟公司破产是板上钉钉的事。我本想跟乌尔里奇·施罗德谈谈这件事，但上午要会见几个克罗地亚客人，觉得等下午再找他也不迟，反正不差这几个小时。

德国经济评论家哈恩说，在这家银行，上到董事长，下到操作员，没有一个人是愚蠢的，可悲的是，几乎在同一时间，每个人都开了点小差，加在一起，就创造出了“德国最愚蠢的银行”。

无论从哪个角度，你都应该确认执行中的关键：你认真尽职的态度。疏忽大意永远是执行力执行过程中相当致命的因素。

四、柔能克刚，弱能胜强

《道德经》里说：天下再没有什么东西比水更柔弱了，而攻坚克强却没有什么东西可以胜过水。弱胜过强，柔胜过刚，遍天下没有人不知道，但是没有人能实行。所以有道的圣人这样说：承担全国的屈辱，才能成为国家的君主，承担全国的祸灾，才能成为天下的君王。

天下最柔弱的的东西，却经常能克服最坚硬的东西，如滴水穿石、四两拨千斤、不战而屈人之兵、空城计、以无胜有等。在管埋工作中最柔的东西是思想，但如果把思想管理到位了它将是最坚硬的东西。

我们要改变一个人首先要改变他的思想，之后才能真正地改变他的行为。而对思想的管理是很多管理者的薄弱环节，怎么提升思想管理的水平呢？答案只有一个，那就是不断进行高效的沟通。毛泽东说："思想这个阵地你不占领，就会给别人占领。"思想是看不到的，是至柔的，但它发挥作用时比大炮、军舰、坦克还要坚硬。如果管理者在思想上占领员工积极主动这块阵地，员工就不会消极怠工，他们会自发地努力工作，这个时候管理者就可以无为而治了。

柔弱胜刚强在沟通中也可以应用。如果对方大发脾气，一般人会采取你发脾气，我发的脾气更大的方法，这样做的结果往往会两败俱伤。这个时候我们可以先采取他进我退的方法，对方越是发怒，我方越要镇定平缓，对方头脑越热我方越冷静，只有这样对方才能平缓下来，冷静下来，当对方冷静下来，我方再采取他退我进的策略把事情处理好。

我们不能只管看得到的东西，还要管看不到的东西，看不到的往往是威力最大的。

有位记者曾经问中国著名企业家、海尔集团总裁张瑞敏："一位企业家首先应懂哪些知识？"张瑞敏想了想说："首先要懂哲学吧。"

一个优秀的中国企业领导，不仅要学会外国的先进经验和理念，也要汲取中国传统哲学中一切可学之处、可用之处，作为指导今天市场竞争取得胜利的有力武器。

人的成熟，在于思想上的成熟。企业家的成熟，在于实践经验基础上形成的理念体系的成熟。因此，一切成功的企业家都是经营哲学家。

世界上从来不存在无缘无故的成功，也没有无缘无故的失败。对每一个具体的成功或失败的案例，如果追本溯源，都能从深层次上找到某些带有普遍意义的原因。

这就是自然界和人类社会都存在着的，某些不以人意志为转移的客观规律。这正是我国最古老的智慧宝典《周易》所给人的启示。

东汉理学家郑玄把《周易》归结为变易、不易、简易“三易”，给人以独特的启发。他认为，宇宙万物变化无穷，永不静止，永不重复，《周易》正是研究这些无尽变换的现象的，所以称之为“变易”；但是这些变化是遵循着某些客观规律的，而这些规律则是不变的，所以称之为“不易”；当你掌握了这些客观规律之后，再来重新看世界，就不再令人眼花缭乱、神秘莫测，而是有规可循，变得简单了，所以称之为“简易”。

郑玄的“三易”之说，不正好可以解释当今市场经济的现象和规律吗？市场千变万化，与宇宙万物一样，正属于“变易”的范畴。但市场变化也有其自己的规律，这些正属于“不易”。我们只要从实践中，从变幻莫测的市场变化中去找这些规律性的东西，并通过掌握这些规律去指导人们的行动，我们就会在扑朔迷离的环境中，在思想上豁然开朗。看到了“简易”，你就赢得了活动的主动权、竞争的主动权，你就可能不战而胜，否则在竞争中会处处穷于应付，陷于被动，而茫然不知所措。

一次，海尔集团总裁张瑞敏出访日本一家大公司。该公司董事长一向热衷于中国至理名言，在他介绍自己公司经营宗旨和企业文化时，竟然主要阐述了“真善美”，并引述了老子思想。张瑞敏也发表了自己的看法：《道德经》中有一句话与“真善美”

寓意一致，这就是“天下万物生于有，有生于无”。

这句话诠释了企业文化之重要性。从老子思想中，可以悟到“无”比“有”更重要，“无”生“有”的道理，也能悟出柔才能克刚，谦逊才能进取的为人做事之理。

企业管理有两点是需要始终铭记在心的：第一点，是无形的东西往往比有形的东西更重要。当领导的到下面，看重的是有形的东西太多，而无形的东西太少了。一般总是喜欢问产量多少、利润多少，没有看到文化观念、氛围更重要。一个企业没有文化，就是没有灵魂。

第二点，是老子主张的为人处事要“以柔克刚”。在过去，人们总把此话看成是消极的，实际上，它主张的“弱转强，小转大”是个过程。要认识到，作为企业家，你永远是弱势，如果你真能认识到自己是弱势，你就会朝着目标执着前进，也就会成功。

第九章

后阵地战：永远比对手快一步

一、把自己当做头一个“对手”

有位哲学家曾经说过：人最大的敌人是自己。他告诫人们要正确认识自己，不要被自己打到。方太集团认识到，中国入世以后，家电业的竞争将由单一的成本竞争转向综合实力的竞争。在这一环境下，方太集团考虑到，如果把有同类产品的企业都当作对手，身边会有无数这样的对手，疲于应付对手最终会使自己失去目标。所以最好的方法是把自己作为竞争对手，不断地否定自我、改进自我，才能不断地激励自我、提升自我。

在当今社会，每个人都会被卷入竞争的漩涡。于是，在原本安逸的生活中就难免会增添一些苦涩，甚至是烦恼。因为每个人都明白，要生存必须去寻找市场，而市场必然有竞争，竞争的结局就是优胜劣汰。可以说，在市场竞争中每个人都会努力把自己的才智发挥到极限，每天都会迈着沉重的脚步，辛苦地追赶着别人，这就是竞争所带来的痛苦。相反，我们换个思维方式，放下与别人竞争的理念，来与自己竞争，说不定就会海阔天空，游刃有余，生活得更轻松一些。

把自己作为竞争对手是一种心态，是对自己毅力的挑战，竞争对手就是自己。在这一点上，中国国家足球队员孙继海是这样做的，他所在的英超曼城队，队中竞争对手如云，在他所踢的右后卫位置上就有着五六名竞争队员，他说我不管他们如何，我只要以自己为目标，不断提高自己，超越自己，就是当不上主力，也可以提高自己的水平，为中国国家队冲出亚洲作贡献。最终，孙继海与自己竞争取得了成功，他在他所踢的位置上脱颖而出，成为主力。“台上一分钟，台下十年功”，这是对自我竞争最好的诠释。

“企业最大的竞争对手是自己，不断发现自己的弊端、超越自我，才能发展。”这是天津蓝天集团股份有限公司董事长梁玉树最爱说的一句话。就是在这种理念的指导下，蓝天集团从机制上、管理上、产品结构上不断创新，以适应外部环境的变化，其主导产品“六必治”牙膏在广泛收集消费者反馈意见的基础上，更改了100多次配方，力求完美。经过几年的奋斗，企业发展如日中天。

把自己作为竞争对手，要永远否定自己的昨天，用挑剔的眼光去寻找昨天的不足；把自己作为竞争对手，要永远向对手学习，要真正做到取他人之所长，补自己之所短；把自己作为竞争对手，更要善于与明天赛跑，不断提高自己的目标，把每一个起点，都当成一个新的竞争对手。我想，把自己作为竞争对手，这才是我们应有的竞争态度。

2012年3月人大代表王凤英提出，中国汽车需提升海外竞争力。据统计，2011年，中国汽车企业的国际化发展取得显著成绩，在行业整体销量增幅不足3%的情况下，汽车出口却实现了49.45%的大幅增长，创历史新高，其中轿车出口同比增幅达107%，出口整车的平均价格与2010年相比略有上浮。虽然，中国汽车在海外市场成绩斐然。但是，我国汽车企业在推进实施国际化战略中，往往是彼此各执其是，缺乏统一的市场节奏，甚至是内部操戈，加重了中国汽车行业在海外发展的压力和风险。作为中国汽车整车企业中唯一一位女总裁，全国人大代表王凤英在“两会”期间再次呼吁，要尽快制订系统化的中国汽车国际化发展战略体系，形成民族车企参与海外竞争的合力。

二、随时准备迎接潜在对手的挑战

当年红桃K已创下逾亿人次的购买记录；开拓血健康事业，赢得荣誉无数。红桃K的精心耕耘，补血市场形势大好。

由于众多企业眼见红桃K把补血市场做起来了，纷纷竟相插足，抢占市场，而引燃这场战斗导火索的是2001年年初刚上市的补血新品血尔。

在血尔未进入市场前，补血市场已是烽火不断，红桃K霸占补血市场的头名宝座已五年了，百年老字号东阿阿胶、福牌阿胶则为一方诸侯，占据山东。

血尔终于冲进来了，杀气腾腾，有备而来。

任何争夺市场第二位的品牌，都是针对行业中的第一位。

补血市场顿时激烈地动荡起来，血战开打！

包装上的功夫

当血尔开始进入市场的时候，血尔以其鲜明精美的包装，出现在沿海一带的大中城市的大商场、药店，消费者的眼睛一亮：

又一补血新贵粉墨登场了。

血尔更象一个贵妇人出现在消费者面前，相形之下，摆放在药品柜的柜台里的红桃K则更象一位乡村农妇，纯朴而简洁。在包装设计方面，血尔是更胜一畴，豪华阔气，堂而皇之地摆在红桃K面前。红桃K自惭形愧，脸面扫地。

因为血尔专门盯住大中城市的都市女性。这些城里人可不想和农村妇女喝同样的补血产品，所以血尔的包装是高档的、优雅的，很快就赢得广大消费者的青睐。

由于在补血市场上的所向无敌，多年来红桃K的包装一直没有多少更换。差点呆在王座上打起盹来。而此时血尔的出现，让红桃K吃惊不小，顿时紧张起来。

红桃K立马回头，赶紧从国外引进了一次性塑料瓶的生产设备与技术，并迅速向市场上推出了比血尔更为洋气的新包装，仿佛是换上了“皇帝的新装”。新包装也根据城市不同消费群体，推出礼品装、关怀装、状元装等。特别是精美的礼品装，正好迎合了当前的“送礼送健康”的潮流。

主攻白领女性

都市女性补血市场的竞争越来越激烈。一方面是女性生理状况需要她们调整健康状态，另一方面工作和家庭的双重责任使她们无暇专心顾及自身的生理特点，“女人难养”的问题也就凸现出来。据有关资料，城市年轻女性是贫血的高发人群，城市白领女性是一个很大的潜在补血市场。许多商家止好看中了这点。

针对红桃K面向所有贫血患者，不分男女老幼都可以服用。血尔则在其一点突破，主攻女性市场，特别是白领阶层，因为白领阶层消费潜力最大。从消费者群体的定位策略，明显看到，血尔不想与红桃K正面相遇，而是避其锋芒。血尔就是要以分割市场的策略，抢占一山头为王，以图占据一定的市场优势地位。这一招虽然没有起到“一剑封喉”的作用，致红桃K于死地，却着实让红桃K吓出一身冷汗。

面对补血市场正被其他对手瓜分消费者的竞争，红桃K也只好在基础市场之外，进行专业细分。红桃K过去是一个综合产品，现在只好通过细分，不断地丰富产品本身的内涵。红桃K先是在局部作试点，不断摸索其成功的模式，然后再在全国推广。虽然还没有谁敢同红桃K面对面的肉搏，但竞争的局势显然更加复杂和激烈了。时至今日，红桃K也不得不学起跟进者的招术来。

品牌差异

人们想到红桃K，首先会想到“补血快”；想到朴雪，会想到“这是缺铁性贫血患者的产品”；想到阿胶，会想到“这是传统中医的补血精华”。但是消费者不会全都记得，可能只是想快快解决贫血引起的症状，所以红桃K占据了消费者最关注的概念——补血快，几年来红桃K一直是补血市场的老大。

血尔敢向红桃K叫板，也不是没有道理的：反红桃K之道而行之。红桃K的广告宣传是“红桃K补血快！”，血尔却倡导“补血功效更持久”。上市之初血尔就宣扬其产品是由诺贝尔成果转化而来，其“生血因子PI与强身因子EAA相溶，实现了效果持久的补血”技术的新突破。通过重新为竞争定位，将血尔的重要性提高到比红桃K更高的位置，一下就抓住了城市消费者的心理，并迅速形成一股补血风暴。

有了明确的定位，血尔的所有宣传推广都围绕“补血持久”展开。不单广告诉求“功效持久”，画册宣传也尽力展现贫血持久改善带来的好处，促销活动宣传也在强调“血尔补血功效持久情更久”。所有的推广，主题清晰、明了，品牌差异十分突出。

强势品牌往往也有弱点。虽然红桃K是补血市场的老大，牢牢占据着“补血快”的行业特性，拥有非常强大的实力，给人一种难以战胜的感觉。但血尔却找准了补血市场的空档，巧妙地将自己的概念定位区别于红桃K，两个不同的概念，谁比谁更有优势，无论是圈内人，还是局外人，都无法作结论。但血尔的“功效持久”之说，如同石破天惊，叫得红桃K胆战心惊。

市场上“第一品牌”是一把双刃剑，虽然拥有忠实的消费群体，但新的消费人群又很容易跑票。红桃K于是着手进行品牌的更新，不断地向消费者传递其产品的高科技含量的形象，同时也努力使产品具备高科技的特性，借此拉近与消费者的距离，增加其亲和力。在品牌宣传方面，红桃K除了以市场“第一品牌”的形象出现外，还将品牌定位为“健康、诚信、高科技”的“血健康专家”。

暴利诱惑经销商

红桃K的市场价格是30元左右，与其它保健品动辄就是近百元相比，特别适合农村消费者。这样一来，厂家为了保证自己的利润，其渠道商就没有了丰厚的差价。在红桃K做得较好地广东、江苏等市场，红桃K的市场价格是一元又一元地往下跌，很快就到了25元。红桃K死命守住规定的底价，农村消费者高兴了，但数以万计的销售商几乎无利可图。

这一点血尔也是抓得又准又狠，如针对红桃K留给经销商的利润空间并不大情况：其中一款红桃K单盒的出厂价为25.5元，批发价29.7元，零售价35.5元，对保健品经销商而言，这是一个很小的利润空间，红桃K对经销商利润政策可见一斑。血尔则以厚利对经销商以诱惑，他们开出了极大的利润空间，零售价比出厂价高出3倍左右，怎不让经销商心动。

广告点火

在广告媒体选择上，红桃K以最适合农村的载体——墙标及车贴为主，而在城市，这一“低空媒体”则受到高楼大厦的遮掩。血尔则以电视、日报作为其主要媒体，更多的是采取立体作战的形式，从高空媒体到报纸，抢尽了城市女性的“眼球”。如在广州地区，电视上两个版本的广告轮番播出，甚至连街头上也随处可见其广告牌。血尔还在产品的盒子上印上将利润的10%捐献给中国红十字会“预防贫血基金会”，这为其赚了不少印象分。广告造势令血尔家喻户晓，深入人心。在很多商场，红桃K被摆放在药品柜的柜台里，而血尔却被堂而皇之地放在过道处的货架上。

血尔的广告战，一下子就给红桃K杀了个下马威。

红桃K广告也从低空爬升到高空——以电视及大报纸为主，如中央电视台、《人民日报》、《广州日报》等。同时加大了公关广告宣传力度，如赞助2008年北京奥远会就是大手笔，这些举措都有力地开拓了城市补血市场。

红桃K的反击，骤然激化大中城市补血市场的竞争态势，各补血产品明显加大了广告投放。

血尔更是大打出手，电视、报刊广告一轰而上，用作自我宣传的非法广告小册子：《血尔补血风暴登陆中国》更是顶风而上，多处违规，并堂而皇之地摆上柜台，广为传播。或许是杀得性起，一不小心，血尔广告在2001年6月中旬被查，亮起了黄牌。而到此时，局势发生戏剧性变化。朴雪也因广告违例而在全国市场受阻。补血市场的广告大战戛然而止。

城市攻略

红桃K曾向外界透露，指导红桃K发展的战略战术是“毛泽东思想”。在这样的策略指导下，8年以来，红桃K的主打市场在农村以及中小城镇，而城市市场一直是红桃K的软肋。

血尔通过分析红桃K的市场战略意图，首先将战场设在沿海发达地区的大中城市如广州、深圳、福州、厦门等。战线也没有拉得过长，毕竟红桃K是市场主导者，自知不是红桃K的对手，如果一上市就遭到对方的打击，其后果不敢想象。血尔只得悄悄地在东海岸线上迂回，进驻红桃K的市场“盲点”。

血尔的城市攻略无疑是成功的，其销量直线上升，开局得胜！

要想击败对手，只把目标瞄准顾客是不够的。因为竞争对手也在时刻盯着你，以图侵占你的市场领地，所以还要防止对手的攻击。

一个真正懂得营销的企业，他们是满足消费者的真正需求，努力争取他们，而不是靠着别人的危机抢过来。如果提供的营销策略不当，潜在的竞争对手还会找上你。

三、把握好营销风向标

多年前，惠普的创始人之一大卫•派卡德说过：“营销的重要性远不止于仅仅将其单独留给营销部门去做。”有着世界上最好的营销部门的公司一样可能出现营销失败。原因在于：生产部门可能会提供次品，送货部门可能会送货晚点，会计部门可能会开出数额不准的发票，这些都会导致丧失客户。只有全体员工都致力于为客户提供承诺的价值，满足和取悦于客户，营销才会是有效的。

KFC秒杀门事件，是一起极为典型的事件营销失败案例。但是，这起事件的典型性却在于该事件的非典型性结果！通常，我们可以看到的失败事件策划都是没有效果无疾而终，而KFC秒杀门却是效果太猛无法收场。

KFC秒杀全家桶优惠券事件营销的策划

KFC秒杀门事件的策划，看起来是天衣无缝的。

1．根据事件营销的风险规则，事件策划选择了“聚焦”这一风险与控制适中的切入点。

2．官方发布渠道选择在淘宝网的肯德基超值星期二旗舰店。

3．秒杀的标底仅仅为100张标价0.01元的全家桶对折券。

4．事件的结果看起来是可控的：100张折扣券，每张折扣券是64元全家桶对折为32元大优惠。区区3200元而已！

5．被淘宝网发明的“秒杀”这个游戏，几年来已经是令人熟稔到可以泛滥，几乎从未听说谁从中失手。

KFC秒杀门事件的发生

事件的过程中，出现了2大蹊跷的漏洞，造成了最终的悲惨的结局：

1．网络上出现多家通过发送链接创业导航网式传播可打印优惠券的网站。

2．星期二早晨有部分打印优惠券被肯德基允许使用。

鉴于疯传的所谓非法优惠券造成的极为严峻的事态，肯德基的反应是发表声明，拒绝使用优惠券，暂时关闭部分被围观的店面。

KFC秒杀门事件细节分析

通过互联网传播的事件，是典型的群体事件。一般群体事件容易引发但是不容易控制。几乎所有的企业都在做着发财梦：四两拨千斤，只花极少的钱就能办很大的事。KFC秒杀门告诉我们，KFC失败了，事件营销是有风险的。你会不会失败？

KFC营销失败分析

1．肯德基没有预料到事件的猛烈程度，或者，肯德基对于事件传播的期待太高，没有看到事物的两面性。这个事件告诉我们，淘宝太妖了！聚集了草根的互联网太伟大了！蝴蝶展翅是否会引起飓风，每个事件营销的策划人都必须留意。

2．第一个细节的失败造成了第二个细节问题：肯德基对于这次秒杀太不重视了。可以想象，肯德基肯定没有将这么“小”的一次营销策划层层传达，以至于很多冒牌优惠券被非法允许使用。当然，如果这种非法使用是被授意的，那就足可令人鄙视了。

3．前面两个细节问题造成了体制无法承受的风险：各门店无法应对危机，甚至各地的肯德基机构无法统一做出官方的信息发布。

KFC这种失控由以下原因造成：

1．加盟连锁模式造成的响应速度缓慢。加盟制终端的连锁店直面的顾客信息一级级反馈到总部公关机构时，公关机构一定已经被内部问询电话搞到了 ，无法处理任何请求。

2. 企业信息化建设缺失。到达连锁店的ERP终端在平时看似毫无作用，但是对于这次这样百年一遇的危机事件就显得格外重要。离开了这样的信息传递模式，遇到灾难性事件，整个组织就会失去控制，无法发出同样的声音。

3. 公关部门缺乏危机处理能力，发言生硬，不会迎合公众。

营销的目的不仅仅是吸引眼球，更重要的获得企业的美誉度。事件营销如同高空行走，走过去海阔天空，失足跌落则美誉度丧尽。互联网是双向创业导航网纵的媒体，是强大的社会化媒体，在利用事件营销传播企业品牌与获取巨大销量的时候，一定要认识到事件营销的风险性。

商场即战场，在营销工作中，要跳出营销看营销，站在全局的高度解决营销问题，这样才能找到最有效、最根本的解决方法，而不是仅仅解决表面问题，营销的本质就是一个系统的策划与管理的过程。

四、不断更新，抢先智慧

“如何让一块石头在水上漂起来？”张瑞敏曾经问过一个类似“脑筋急转弯”的问题。

有人说：“把石头掏空。”张瑞敏摇头。

“把石头放在木板上！”张瑞敏说：“没有木板！”

“做一块假石头！”大家哄堂大笑。但张瑞敏说：“石头是真的。”

这时有人回答：“是速度！”

《孙子兵法》上说：“激水之疾，至于漂石者，势也。”速度能使沉甸甸的石头漂起来！同样，在信息化时代，速度决定着企业的成败。

很多有识之士都认为：在这瞬息万变的历史时期，不是先瞄准再射击，而是先射击后瞄准。这听起来似乎是疯话，但它道出了一个真理：今天的企业做决策，最关键的因素是“速度制胜”。

如果说，《老子》可以帮助我们树立企业发展的大局观，那么《论语》就可以培育我们“威武不能屈、贫贱不能移、勇于进取、刚健有力”的浩然正气；《孙子》则帮助我们思考了企业管理的方法和企业竞争的谋略。所以说，学习能让人们“海纳百川，有容乃大”，学习能给人带来极大的精神与智慧的支持。

知识经济时代就是以知识运营为经济增长方式、知识产业成为龙头产业、知识经济成为新的经济形态的时代。作为新的经济形态的知识经济，在中国著名学者陈世清所著的《经济领域的哥白尼革命》和《对称经济学丛书》中第一次提出并加以系统的阐述。只有运用对称的、五度空间的、复杂系统论方法的对称经济学才有可能真正揭示知识经济的本质、结构、意义和功能，才有可能建立真正科学的知识经济学，知识经济才有可能成为严格意义上的经济学概念，才能合理定位知识经济时代。

尽管读的书看的报不能算少，可总觉得自己大脑里储存的一种叫知识的东西折旧的速度越来越快，脑袋经常出现近似空白的表现；尽管喝掉的墨水、用坏的笔不能算少，可总觉得自己离“知识分子”的队伍越来越远，有一种近似“文盲”的无奈。

自从某保健品在广告里向我们传达了“美国太空宇航员专用”的信息后，我们曾为自己能享用到这样的保健品而欣喜若狂，更为自己能与“美国太空宇航员”同处一个食用水平线而感到无比自豪。

后来我们又知道了从另一渠道传来的信息，称这玩意儿不仅是“美国太空宇航员专用”，同时也可以是“美国失业人员普遍专用”的，虽然有些失望，但毕竟我们曾经离“宇航员”、离“太空”是那么的近。更重要的是，通过“美国太空宇航员”的传达，使我们获取了许多比太空宇宙和天体物理知识更重要的赚钱知识。没钱就意味着你大脑仓库里的知识无法得到更新换代，而更新知识要比学习新知识更重要。

男人一入三十五岁，脸部皮肤深层次里的P.P.Y因子死亡的频率开始提速。爱喝酒的男人，更因酒精里的乙醇对皮肤细胞的分化，加速水份流失。如果你还吸烟，那么尼古丁里的O.S（一种致癌分子）就会随烟雾在脸部四周的升腾缭绕而被P.P.Y因子吸收，使皮肤细胞在短期内由光洁向粗糙转化。此时，如不加紧保护P.P.Y因子，脸部死皮就会增现，隐性斑点就会与O.S结合，使皮肤产生癌变。

于是，就有一家公司生产了“纲米基因护肤乳”，是专为现代成功男士研制的，它含有用高科技手段从纳米基因里分解出的H.E.Q活化物，能促进脸部皮肤里的P.P.Y因子迅速再生，抵抗癌细胞的入侵。

该公司指出：“成功的你，难道不要脸吗？”

后来该公司的老总求教一位搞化妆品的工程师，他看了半天也不知这些字母意为何物，最终只能承认知识不够，书到用时方恨少。对此，他本人也只好用这本2000年版的《现代科技大辞典》需要更新“知识”聊以慰籍，以驱赶脑海里冒出的开始“复读”的可怕念头。

由此可知，某种新产品的诞生，总是伴随着某种“新知识”和“高科技”一起上市的。而这种“新知识”和“高科技”在宣传的关键部位又都是用英文的大写字母表现的，尤其是在一些“时尚”用品宣传中。而用英文字母的好处就在于你不懂其含义，又不好意思问。否则遭遇新新人类一个白眼加一句“没有知识”，足以让你提前折旧退休。即便是遭到像“酒精里的乙醇”这样的“常识”错误，你也最好三思而行，更不要简单地表示写错了或看不懂。因为，这年头有些知识新得连“博士后”导师都一筹莫展，如女性冬天穿夏天的超短裙，绝对不是一个暖冬能解释的。没有“知识”最好不要评价。如果你连这一点都要怀疑的话，那你离“文盲”绝对只有一站路了。不信，你去看看最近正在广泛开展的、号召广大烟民参加的“洗肺”运动宣传，连医学博士都目瞪口呆。

从传统的减肥，到现代的瘦身，再从瘦身到今天的塑身，绝对不是词面上的变化，更蕴含着许多你不曾知晓的知识。你必须为科技的发展如此之迅速而折服。因为传统的洗胃，是必须到有医疗资质的机构内进行的，而现代“洗肺”，自己回家就能搞定。不仅费用低，而且简单方便。说到效果，那就如同化妆品一样，必须坚持长期使用，方才有效。至于长期有多长，就要看每个人的肺对这种方式的接受度和反应的灵敏度了。

上个世纪80年代初，美国人托夫勒对世界经济与科技发展潮流开出了“第三次浪潮”的处方后，“信息”一词率先在世界各地“爆炸”。随后，“知识经济”又伴随“信息”在发展中国家登陆。人类的知识结构，也从局部调整过渡到全方位的更新。中国自然也不例外，“知识更新”在各个领域、各个阶层的人士中展开，教育产业迅速发达，人才普遍得到尊重，便是“知识经济”的良好演绎。

但打上了商业化烙印的概念知识，令某些“知识”变了味，甚至失去了知识本身所应当具备的清白。因此，像“酒精里的乙醇”这样的“知识”以及那些无中生有的英文字母“知识”，还是永远不要更新为好，哪怕你遭遇提前折旧、一次性处理。